AF100634

www.ingramcontent.com/pod-product-compliance
Lightning Source LLC
LaVergne TN
LVHW010557070526
838199LV00063BA/5000
9789358726985

سائنس کے مضامین

(حصہ : ۱)

اظہار اثر

© Izhar Asar

Science ke mazameen-1 *(Essays)*

by: Izhar Asar

Edition: August '2024

Publisher :

Taemeer Publications LLC (Michigan, USA / Hyderabad, India)

ISBN 978-93-5872-698-5

9 789358 726985

مصنف یا ناشر کی پیشگی اجازت کے بغیر اس کتاب کا کوئی بھی حصہ کسی بھی شکل میں بشمول ویب سائٹ پر
اَپ لوڈنگ کے لیے استعمال نہ کیا جائے۔ نیز اس کتاب پر کسی بھی قسم کے تنازع کو نمٹانے کا اختیار
صرف حیدرآباد (تلنگانہ) کی عدلیہ کو ہوگا۔

© اظہار اثر

کتاب	:	**سائنس کے مضامین (حصہ : ۱)**
مصنف	:	**اظہار اثر**
صنف	:	غیر افسانوی نثر
ناشر	:	تعمیر پبلی کیشنز (حیدرآباد، انڈیا)
سالِ اشاعت	:	۲۰۲۴ء
صفحات	:	۹۴
سرورق ڈیزائن	:	تعمیر ویب ڈیزائن

فہرست

(۱)	جب دماغ سوتا ہے	8
(۲)	بجلی کی اقسام	18
(۳)	آوازوں کی آلودگی	28
(۴)	نیلا خون : سفید خون	35
(۵)	سائنس کی دین	42
(۶)	غیر معمولی قوتیں	47
(۷)	جمالیات کیا ہے	53
(۸)	حیات کیا ہے	62
(۹)	مصنوعی شعور	71
(۱۰)	جین تھیراپی	83

تعارف

اردو میں سائنسی مضامین بہت کم لکھے جاتے ہیں سائنس خود ایک الگ دنیا ہے اور اس کے مختلف علوم وفنون پر عام فہم زبان میں اصطلاحات سے قطع نظر کرکے لکھنا خاصہ دشوار کام ہے۔ مگر جتنا دشوار ہے اتنا ہی ضروری بھی ہے۔ اردو میں یہ کام اظہار اثر اپنے مضامین کے ذریعے خوبی سے انجام دے رہے ہیں اور اس لحاظ سے وہ مبارک باد کے مستحق ہیں۔ ضرورت اس بات کی ہے کہ وہ اپنی کوششوں میں زیادہ وسعت پیدا کریں اور ان کی کاوشوں کو اردو حلقوں میں زیادہ مقبولیت اور پذیرائی ملے۔ یہ کام آسان نہیں اردو والوں کے مزاج کو بدلنے کا ہے۔ مگر جتنا دشوار کام ہوتا ہے اتنا ہی ہمت اور حوصلے والوں کو اسے انجام دینے میں لطف آتا ہے۔ اظہار اثر صاحب ہمت اور حوصلے سے یہ کام کر رہے ہیں امید ہے کہ وہ اپنا حلقہ اور وسیع کریں گے۔ دوسرے لکھنے والوں کو اس طرف متوجہ کریں گے اور سائنسی موضوعات پر باقاعدگی سے اور سلسلے کے ساتھ اردو میں لکھنے والوں کی تہذیب و تربیت کے لئے بھی وقت نکالیں گے۔ آج کے دور میں سب سے بڑی تخلیقی خدمت یہی ہوگی کہ سائنسی مزاج کو اردو میں مروج اور مقبول کیا جائے۔

اظہار اثر صاحب نے اب تک جس انداز سے اس کام کو سر انجام دیا ہے اس سے امید بندھتی ہے کہ آئندہ بھی سائنس کے مختلف شعبوں کو وہ عام فہم بنا سکیں گے اور اردو کے عام پڑھنے والے کے لئے سائنسی موضوعات میں دلچسپی کا وافر سامان

فراہم کر سکیں گے۔ سائنس حال اور مستقبل کی کلید ہے اور جو زبان سائنس کو جس طرح اور جس آسانی سے اوڑھنا بچھونا بنا لے گی وہ دورِ نو کی بصیرت کو اسی قدر کامیابی کے ساتھ اپنانے میں کامیاب ہوگی۔ کام مشکل ضرور ہے مگر مجھے امید ہے کہ اظہار اثر صاحب اردو میں وہ کام کر دکھائیں گے جو ایچ جی ویلز نے انگریزی میں سرانجام دیا تھا۔

محمد حسن

جب دماغ سوتا ہے

ہر شخص یہ سمجھتا ہے کہ جب دماغ سوتا ہے تو آدمی سو جاتا ہے لیکن یہ خیال قطعی غلط ہے جب انسان سوتا ہے تو اس کا دماغ ہرگز نہیں سوتا وہ اسی طرح کام کرتا رہتا ہے جیسا بیدار رہنے کی حالت میں کر رہا تھا جس کا ثبوت وہ خواب ہیں جو آپ سوتے میں دیکھتے ہیں یعنی سوتے میں بھی دماغ کے اعصابی خلیے مسلسل کام کرتے رہتے ہیں اور سائنسدانوں کی جدید دریافت اور تجربات سے ثابت ہو چکا ہے کہ ہر انسان آٹھ گھنٹے کی نیند میں تین چار خواب ضرور دیکھتا ہے۔ یہ ضرور ہے کہ گہری نیند والے خواب آپ کو یاد نہیں رہتے لیکن صبح کے وقت دیکھا گیا خواب اکثر یاد رہ جاتا ہے کیونکہ وہ تازہ ہوتا ہے۔ سوتے میں بھی دماغ کے متحرک یعنی Active رہنے کا دوسرا ثبوت یہ ہے کہ آپ کو سوتے میں اگر زور سے پکارا جائے تو فوراً جاگ جائیں گے یا گہری نیند میں بھی اگر زہریلا کیڑا آپ کو کاٹ لیتا ہے تو آپ فوراً جاگ جاتے ہیں۔

دماغ ہمارے جسم کا ایک طرح سے گورنر ہے جس کا دفتر دماغ میں اعصابی مراکز ہیں جو دماغ کے "گرے میٹر" (Gray matter) اور "وھائٹ میٹر" (White matter) میں واقع ہیں۔ طبی اصطلاح میں ان کو "سیری برم" اور سیری برل کہا جاتا ہے۔ دماغ کے ان مراکز کا تعلق جسم کے ہر حصے سے ہوتا ہے یعنی اعصابی ریشے جسم کے ہر حصے کی خبر ہر لمحے دماغ کو بھیجتے رہتے ہیں اور دماغ ان کی اطلاع پا کر ہی کسی عمل پر اپنا ردِ عمل کرتا ہے مثلاً اگر آپ سگریٹ پی رہے ہیں یا سلگا رہے ہیں اور آپ کی انگلی جل جاتی ہے تو انگلی سے وابستہ اعصابی ریشے فوراً اعصابی مرکز کو خبر دیتے

ہیں۔ یہ درد یا تکلیف کے سگنل کہے جا سکتے ہیں۔ یہ سگنل ایک سیکنڈ کے ہزارویں حصے میں دماغ کے مرکز میں پہنچ جاتے ہیں اور دماغ اتنی ہی تیزی سے واپس سگنل بھیج کر آپ کی انگلی کو خبردار کردیتا ہے اور آپ فوراً ماچس کی تیلی یا سگریٹ کا ٹکڑا پھینک دیتے ہیں۔ یہ آپ کا بالکل لاشعوری عمل ہوتا ہے۔ اسی طرح اگر جسم پر کسی بھی جگہ ایسی چوٹ لگ جائے کہ خون باہر آنے لگے تو دماغ تکلیف کا سگنل پاتے ہی خون کے سفید ذرات (White Corpuscles) کو حکم دیتا ہے کہ وہ فوراً زخم کے منہ پر جاکر خون جمانا شروع کردیں تاکہ جسم سے خون نکلنا بند ہوجائے۔

ہمارے جسم کے ہر حصے میں لاکھوں غدود ہوتے ہیں جو دماغ کے اعصابی ڈوریوں کے ذریعے وابستہ ہوتے ہیں۔ جسم میں کوئی بیماری یا کسی اور قسم کا خطرہ محسوس کرکے دماغ ان خاص غدود کو کچھ کیمیاوی رطوبتیں خارج کرنے کا حکم دیتا ہے جو ان خطرات کا مقابلہ کرکے ان کو ختم کردیتے ہیں۔ یعنی ایک طرح سے قدرت نے ہمارے جسم کو اس طرح بنایا ہے کہ وہ آٹومیٹک مشین کی طرح اپنے اندر پیدا ہونے والی خرابیوں کو خود ٹھیک کرنے کی صلاحیت رکھتا ہے۔ اگر جسم پر کوئی زخم لگ جائے یا سردرد وغیرہ ہو تو آدمی بے چین ہوکر درد دور کرنے کی دوائیں استعمال کرنے لگتا ہے لیکن اگر وہ دوائیں نہ بھی کھائے تو کچھ عرصے بعد یہ درد ختم ہوجاتا ہے لیکن اگر تکلیف اس قدر زیادہ بڑھ جائے کہ جسم موت کی کگار پر پہنچ جائے تو دماغ جسم کے کچھ غدود کو ایک خاص قسم کا جوس (یا محلول) خارج کرنے کا حکم دیتا ہے جو تکلیف کا سگنل دینے والے اعصاب کو سُن کردیتا ہے۔ سائنسداں میدانِ جنگ میں بہت زیادہ زخمی ہوجانے والے سپاہیوں کی زبانی یہ سن چکے ہیں کہ بہت زیادہ زخمی ہوجانے کے باوجود وہ کسی طرح کی تکلیف محسوس نہیں کررہے تھے اور پوری طرح ہوش وحواس میں تھے۔

ہمارے جسم کے اندر ہی ایک غدود ''ایڈرنل'' (Adrenal) نام کا ہوتا ہے جب دماغ یہ محسوس کرتا ہے کہ جسم کے اندر کسی وجہ سے موت کا خطرہ بڑھ رہا ہو تو وہ ان غدود کو حکم دیتا ہے کہ وہ ایڈری نیلن (Adrenaline) نام کا جوس جسم کو سپلائی کرے اور دماغ کا حکم پاتے ہی یہ رطوبت زندگی ختم کرنے والے اجزا سے جنگ شروع

کردیتی ہے۔

جب دماغ ''سوجاتا'' ہے تو دماغ کسی عمل پر کوئی ردِ عمل نہیں کرتا اور یہ کیفیت اس وقت ہوتی ہے جب دماغ سوتا نہیں بلکہ بے ہوش ہوجاتا ہے۔ دماغ بے ہوش ہوجانے کے بعد سارے اعصاب اور دماغی مراکز سُن ہوجاتے ہیں۔ کسی بڑے سے بڑے آپریشن سے پہلے دواؤں کے ذریعے دماغ کو بے ہوش کردیا جائے تو اس عمل کو طبی اصطلاح میں انیستھیسیا (Anaesthesia) کہا جاتا ہے۔ کوئی بھی آپریشن کرنے سے پہلے انیستھیسیا کا ماہر ڈاکٹر مریض کے دماغ کو بے ہوش کردیتا ہے اور دوسرے ڈاکٹر جسم کو چیر کر دل پر بھی عمل جراحی شروع کردیتے ہیں لیکن مریض کو کچھ پتہ نہیں چلتا۔ یہ عمل بہت ہی نازک ہوتا ہے۔ دماغ کی بے ہوشی کے عالم میں مریض کو سانس لینے میں دشواری ہونے لگتی ہے، بلڈ پریشر کم ہونے لگتا ہے۔ انیستھیسیا کا ماہر ڈاکٹر ان دونوں خطروں پر نظر رکھتا ہے عام طور پر مریض کے جسم کا تعلق ایسی مشینوں سے کردیا جاتا ہے جو معنوی طور پر سانس کے عمل اور خون کے دباؤ کے عمل کو نارمل رکھتی ہیں۔

انیستھیسیا کے عمل کو سمجھنے کے لیے ہمیں ماضی کے طبی کارناموں کے بارے میں کچھ جاننا ضروری ہے اب سے ڈیڑھ سو سال پہلے تک (1847) کسی ہسپتال کا آپریشن تھیٹر مذبح خانے یا پولیس کے ٹارچر چیمبر کی طرح ہوتا تھا جن میں قیدیوں کو اذیتیں پہنچا کر ان سے جرم قبول کرائے جاتے تھے۔

اس زمانے کے آپریشن تھیٹر میں ایک موٹے تختوں کی بھاری میز زمین میں لوہے کی کیلوں سے اس طرح جڑی ہوتی تھی کہ کئی آدمی مل کر بھی اسے ہلا نہیں سکتے تھے۔ میز میں دونوں طرف مضبوط چمڑے کی پٹیاں لگی ہوتی تھیں جو آپریشن کے وقت مریض کے جسم پر اس طرح باندھ دی جاتی تھیں کہ وہ جنبش نہ کرسکے۔ اس کے علاوہ چھ سات پہلوان قسم کے آدمی ڈاکٹر کی مدد کو تیار رہتے تھے تاکہ مریض اگر تکلیف کے وقت قابو سے باہر ہونے کی کوشش کرے تو وہ ہر طرف۔ ۔ اس کو دبالیں اور ہلنے نہ دیں۔ اس کے بعد ڈاکٹر آپریشن شروع کردیتا تھا۔ ایسے آپریشن صرف اس وقت کیے جاتے تھے

جب ڈاکٹر کو یقین ہو جاتا تھا کہ اگر مریض کے جسم کا یہ حصہ نہ کاٹا گیا تو اس کی موت لازمی ہے۔ اگر چہ یہ بھی سچ ہے کہ اس طرح کے آپریشن کے بعد بھی دو تین فیصد سے زیادہ مریض زندہ نہیں رہتے تھے۔

آپریشن کے دوران ڈاکٹر کا ایپرن (apron) خون سے اس طرح تر ہو جاتا تھا جیسے وہ کسی کو ذبح کر کے آیا ہو اور مریض کی دل دہلانے والی چیخیں ہسپتال کے باہر سڑکوں تک سنائی دیتی تھیں۔ راہ چلتے مسافر یہ چیخیں سن کر تیز تیز قدم اٹھا کر اس علاقے سے دور نکل جاتے تھے کیونکہ وہ جانتے تھے کہ اندر ہسپتال میں کیا ہو رہا ہے۔ سچ تو یہ ہے کہ ایسے آپریشن کرنے والے ڈاکٹر فولادی اعصاب اور مضبوط قوتِ ارادی کے مالک ہوتے تھے۔

اس زمانے کے ہسپتال مذبح خانے کا یہ منظر اس لیے پیش کرتے تھے کہ اس وقت درد پر قابو پانے والی کوئی دوا ایجاد نہیں ہوئی تھی لیکن ڈاکٹر اور سائنسداں مسلسل اس کھوج میں لگے ہوئے تھے کہ کوئی درد ختم کر دینے والی جڑی بوٹی یا دوا ان کو مل جائے اور آخر میں سائنسدانوں کی یہ کوشش رنگ لائی۔

فروری 1847 میں پیروگوف (Pirogove) نامی روس کا ایک سرجن ایک عورت کا معائنہ کر رہا تھا، عورت کی ایک چھاتی میں کینسر تھا۔ ڈاکٹر پیروگوف جانتا تھا کہ اگر فوری طور پر کینسر والا حصہ کاٹ کر جسم سے الگ نہ کیا گیا تو عورت دو تین مہینے میں یقیناً مر جائے گی۔ یہ ایک بہت اہم اور بڑا آپریشن تھا جو مریض کے ہوش میں رہتے ہوئے نہیں کیا جا سکتا تھا۔ لیکن ڈاکٹر پیروگوف کی آنکھوں میں امید کی ہلکی سی چمک محسوس ہو رہی تھی۔ اس نے مریضہ کو تسلی دیتے ہوئے کہا کہ وہ کل صبح ہسپتال آجائے، اس کا آپریشن کر دیا جائے گا۔

اگلے روز مریضہ آگئی۔ آپریشن کے اوزار تیار کر کے میز پر سجا دیے گئے لیکن ڈاکٹر خاموش بیٹھا اُمید بھری نظروں سے دروازے کو دیکھ رہا تھا۔ اس کے اسسٹنٹ حیران تھے کہ ڈاکٹر کو کس چیز کا انتظار ہے۔ آخر دروازہ کھلا اور ہسپتال کا ایک ملازم ایک بوتل لیے اندر داخل ہوا، جس میں سفید رنگ کی پانی جیسی کوئی چیز بھری تھی۔ اس شخص کو

دیکھتے ہی ڈاکٹر کا چہرہ کھل اٹھا۔ اس نے جھپٹ کر آنے والے آدمی کے ہاتھ سے بوتل لی اور مریض کی طرف بڑھتے اپنے ماتحت ڈاکٹروں سے بولا "تیار ہو جاؤ اور جیسا میں کہوں کرتے جاؤ۔"

ڈاکٹر نے جیب سے رومال نکالا اور بوتل میں بھرا محلول اپنے رومال پر چھڑکا ایک تیز بو کمرے میں بھر گئی۔ ڈاکٹر نے دوا سے تر رومال مریضہ کے منہ پر رکھ کر کہا:

"زور زور سے سانس لو۔ گھبراؤ بالکل مت تمھیں تکلیف نہیں ہوگی۔"

مریضہ نے چند لمبے سانس لیے اور پھر گہری نیند میں ڈوبتی چلی گئی۔ ڈاکٹر نے دوا کی بوتل اپنے ماتحت کو دے کر کہا:

"میں آپریشن شروع کرتا ہوں تم تھوڑی دیر بعد یہ دوا رومال پر چھڑک کر مریضہ کے منہ پر رومال رکھتے رہو۔"

یہ کہہ کر ڈاکٹر نے نشتر اٹھایا اور تیزی سے کینسر والی چھاتی کو کاٹنے لگا۔ چند منٹ میں ہی اس نے کینسر کے خلیوں سے متاثر چھاتی کا سارا حصہ کاٹ دیا۔ آپریشن تھیٹر میں موجود تمام انسان یہ دیکھ کر حیران تھے کہ پوری چھاتی کاٹے جانے کے باوجود نہ مریضہ کے منہ سے کوئی آواز نکلی تھی اور نہ ہی اس نے جنبش کی تھی۔ ڈاکٹر نے آپریشن ختم کر کے اپنے ماتحتوں کی مدد سے زخم پر پٹی باندھ دی اور اس کو وارڈ میں پہنچا دیا۔ تقریباً آٹھ منٹ بعد مریضہ نے آنکھیں کھول دیں تو دیکھا کہ ڈاکٹر اس پر جھکا ہوا تھا۔ مریضہ کو آنکھیں کھولتے دیکھ کر ڈاکٹر نے پوچھا "کیسا محسوس کر رہی ہو۔ آپریشن کی تکلیف تو نہیں ہوئی۔"

مریضہ نے پہلے سینہ اور کاندھے پر بندھی پٹی کو دیکھا، پھر حیرت سے سوال کیا۔ "کیا میرا آپریشن ہو گیا۔ مجھے تو کچھ بھی محسوس نہیں ہوا۔"

شاید یہ دنیا کا دوسرا یا تیسرا آپریشن تھا جس میں سلفیورک (Sulfuric) یعنی ایتھائل ایتھر (Ethyl Ether) کے ذریعے مریض کو بے ہوش کر کے بغیر کسی تکلیف کے اتنا بڑا آپریشن کر دیا گیا تھا۔ اس سے پہلے 1846 میں یورپ میں ایتھائل ایتھر درد کو ختم کرنے والی شے کے بطور دریافت کر لیا گیا تھا۔

اس سے بھی پہلے کسی درد کش دوا کی تلاش کرتے ہوئے سائنسدانوں نے 1844 میں نائٹرس آکسائڈ (Nitrous Oxide) نام کی ایک دوا تلاش کر لی تھی بعد میں اس کو (لافنگ گیس) ہنسانے والی گیس کہا جانے لگا۔ اس گیس کا محلول بھی دماغ کو سلا دیتا تھا لیکن بہت کم وقت کے لیے اس کا اثر ہوتا تھا، زیادہ سے زیادہ ایک منٹ بعد اس کا اثر ختم ہو جاتا تھا۔ اس دوا کا استعمال بہت چھوٹے آپریشنوں کے لیے کیا جانے لگا تھا۔ جیسے کسی پھوڑے میں نشتر لگانا یا جسم کا کوئی بہت چھوٹا سا حصہ کاٹنا۔ 1846 میں ایتھر کے اثرات دریافت ہوئے تو اس سے جراحی کی دنیا میں زبردست انقلاب آ گیا اور اس کے ایک سال بعد ہی کلوروفارم نام کی دوا تیار کر لی گئی۔ کلوروفارم اس قدر کامیاب دوا ثابت ہوئی کہ بیسویں صدی کی چھٹی ساتویں دہائی تک آپریشنوں میں کلوروفارم ہی استعمال کیا جاتا رہا۔ اس دوا سے آپریشن میں تو آسانی ہوگئی تھی لیکن ہوش میں آنے کے بعد مریض پر اس کے ردِ عمل کا بُرا اثر ہوتا تھا۔ اسی وجہ سے اب آپریشن تھیٹروں میں کلوروفارم کا استعمال بند ہو گیا ہے اور نئی نئی دوائیں تیار کر لی گئی ہیں جن کے ایک انجکشن سے ہی مریض کا دماغ سو جاتا ہے۔

زہر کے بارے میں کون نہیں جانتا۔ انسان ان گنت صدیوں سے اپنے دشمنوں کو ختم کرنے کے لیے طرح طرح کے زہر استعمال کرتا آرہا ہے۔ جن میں کچھ قدرتی پودوں سے حاصل کردہ زہر ہوتے ہیں اور کچھ معدنیات سے مثلاً، سنکھیا ایک طرح کا معدن ہے۔ نیلا تھوتھا، کچلا وغیرہ بہت سی چیزیں زیادہ مقدار میں کھانے سے زہر بن جاتی ہیں۔ افریقہ اور جنوبی امریکہ کے قبائلی باشندے ''کراری'' نام کے ایک جنگلی پودے کا رس زہر کے بطور استعمال کرتے ہیں اور یہ زہر اس قدر زود اثر ہوتا ہے کہ زہر کی ذرا سی مقدار خون میں داخل ہو جائے تو کوئی بھی جاندار شے فوراً مر جاتی ہے۔ یہ لوگ اپنے تیروں اور بھالوں کی نوکوں پر کراری کا زہر لگا کر بڑے جانوروں کو یا اپنے دشمنوں کو مارتے ہیں۔ کنگ کوبرا سانپ کا زہر بھی اعصاب پر بہت تیزی سے اثر کرتا ہے لیکن پوٹاشیم سائنائڈ نام کا زہر سب سے خطرناک اور زود اثر زہر مانا جاتا ہے۔ اس کے بارے میں کہا جاتا ہے کہ کوئی سائنسداں اس زہر کا ذائقہ نہیں بتا سکا۔ تین مختلف

سائنسدانوں نے اپنی جان کی پرواہ نہ کرتے ہوئے ایک ہاتھ میں قلم لے کر زہر کو زبان پر رکھا تاکہ فوراً اس کا ذائقہ لکھ سکیں لیکن قلم چلانے کی نوبت ہی نہیں آئی اور وہ مر گئے۔ اس زہر کی اگر مہلک مقدار انجکشن سے جسم میں داخل کر دی جائے تو انسان چند سیکنڈ میں مر جاتا ہے۔

سائنسدان اور فارمیسسٹ بھی اس زہر کے زود اثر اور ہلاکت خیز ہونے کے بارے میں متفق ہیں۔ دراصل یہ زہر خون میں ملتے ہی ان اعصاب کو مردہ کر دیتا ہے جو جسم کے تمام خلیوں کو آکسیجن پہنچانے کا نظام سنبھالے ہوتے ہیں۔ زہر کے خون میں ملتے ہی سارے جسم کے ہر طرح کے خلیوں میں آکسیجن جانی بند ہو جاتی ہے اور ایک ساتھ تمام خلیے مر جاتے ہیں جس سے فوری طور پر موت واقع ہو جاتی ہے۔

سابق سوویت یونین میں سرجنوں نے انیستھیسیا کے میدان میں بہت سے کمال دکھائے تھے۔ سرجری اور خلائی سائنس میں سوویت یونین کے سائنسداں دنیا بھر میں اوّل مانے جاتے رہے ہیں۔ سوویت یونین کے ایک سرجن نے دماغ کی بے ہوشی کے اثرات سمجھنے کے لیے ایک تجربہ کیا۔ اس نے چھ بلیوں کو انیستھیسیا دے کر بے ہوش کر دیا۔ لیکن اس سے پہلے اس نے چھ بلیوں کو پوٹاشیم سائنائڈ کے انجکشن لگا کر دیکھ لیا تھا کہ زہر جسم میں داخل ہوتے ہی چند سیکنڈ میں ہر بلی مرتی چلی گئی تھی۔ اس کے بعد اس نے وہی انجکشن ان بے ہوش بلیوں کو لگائے جو انیستھیسیا کے اثر میں تھیں۔ ان بلیوں پر زہر نے کوئی اثر نہیں کیا ڈاکٹر ان کے دل کی حرکت اور سانسوں کی جانچ کرتے رہے وہ اسی طرح زندہ اور ساکت پڑی رہیں جیسے سو رہی ہوں۔

تجربے کے دو گھنٹے کے بعد انھوں نے دو بلیوں کو ہوش میں آنے کا انجکشن لگایا۔ ہوش میں آتے ہی دونوں بلیاں ایک دم اس طرح مر گئیں جیسے ان پر بجلی گری ہو۔ اس کا مطلب تھا بلیوں کے جسم میں زہر موجود تھا لیکن وہ بے ہوشی کی حالت میں کام نہیں کر رہا تھا۔ اس کے دو گھنٹے بعد ڈاکٹروں نے دو اور بلیوں کو ہوش میں آنے کا انجکشن لگایا تو وہ دونوں بھی ہوش میں آتے ہی مر گئیں۔ لیکن چھ گھنٹے گزرنے کے بعد باقی دو بلیوں کو ہوش میں آنے کا انجکشن لگایا تو وہ بلیاں نہ صرف زندہ ہیں بلکہ نارمل بلیوں کی

طرح ادھر ادھر بھاگ دوڑ کرنے لگیں۔ ان تجربات نے ڈاکٹروں کو حیران کر دیا۔ اس تجربے سے انھوں نے یہ نتیجہ نکالا کہ دماغ کے بے ہوش ہو جانے کی وجہ سے چونکہ اعصابی ریشے بھی بے ہوش ہو گئے تھے اس لیے وہ جسم کے تمام خلیوں کو کوئی برقی سگنل نہیں بھیج سکے۔ یعنی ایک طرح بے ہوشی کے عالم میں بلی کے جسموں میں بایولوجیکل عمل رک گیا تھا اور پوٹاشیم سائنائڈ زہر بے ضرر اپنی جگہ پڑا رہ گیا تھا۔ اس کے بعد جب پہلی دو بلیوں کو ہوش میں لایا گیا تو ان کے جسموں کے قدرتی عمل شروع کرتے ہی زہر نے اعصاب کو مردہ کر دیا اور بلیاں مر گئیں۔ چار گھنٹے بعد بھی یہی عمل ہوا لیکن چھ گھنٹے بعد جن بلیوں کو ہوش میں لایا گیا اس وقت تک پوٹاشیم سائنائڈ ٹوٹ کر دوسرے عناصر میں تبدیل ہو چکا تھا اور اس کی ہلاکت خیزی ختم ہو چکی تھی۔ اس کے بعد ڈاکٹروں نے اس طرح کے تجربات کر کے تحقیق کی تو معلوم ہوا کہ دماغ کی بے ہوشی کے بعد جسم کے ہارمونز بھی بے اثر ہو جاتے ہیں اور یہ ہارمونز ہی ہیں جو خلیوں تک آکسیجن پہنچاتے ہیں۔ جب ہارمونز بے اثر ہو جاتے ہیں تو خلیوں پر کسی طرح کا اثر نہیں ہوتا۔ یعنی بے ہوشی کی حالت میں خلیوں کا عمل بھی رک جاتا ہے اور آکسیجن کی کمی کا ان پر کوئی اثر نہیں ہوتا لیکن دماغ کی بے ہوشی ختم ہوتے ہی خلیوں کا عمل جاری ہو جاتا ہے اور ان کو آکسیجن کی ضرورت محسوس ہونے لگتی ہے لیکن اگر بدن میں زہر کا اثر باقی ہے تو وہ آکسیجن کو خلیوں میں جانے سے روک لیتا ہے اور زہر خوردہ جاندار فوراً مر جاتا ہے۔

اس حیرت انگیز تجربے کے بعد ایک بار ٹیٹنس (Tetanus) کا ایک مریض ہسپتال لایا گیا۔ ٹیٹنس کے مرض میں جبڑے بند ہو جاتے ہیں اور سارے جسم میں تشنج ہونے لگتا ہے۔ یہ مرض خاک میں ملے ایک قسم کے جراثیم سے پیدا ہوتا ہے اسی لیے ڈاکٹر زمین پر گر کر زخم لگ جانے پر اینٹی ٹیٹنس انجکشن لگاتے ہیں۔ اس مرض کا اگر فوری طور پر علاج نہ کیا جائے تو مریض چھ سات دن میں مر جاتا ہے اور ابھی تک اس مرض کی کوئی یقینی دوا ایجاد نہیں ہوئی ہے۔ اتفاق کی بات ہے کہ جس مریض کو ہسپتال لایا گیا تھا اس میں مرض کی شروعات ہی ہوئی تھی۔ ڈاکٹر جانتے تھے کہ اس مرض کو روکنے کی کوئی دوا نہیں ہے اس لیے تجربے کے طور پر ڈاکٹروں نے اس کو اینستھیسیا کے ذریعے

بے ہوش کر دیا۔ دماغ کی بے ہوشی کے باعث اس کے جسم کا بایولوجیکل عمل رک گیا۔ ڈاکٹر ایک ہفتے تک اس کو انیستھیسیا دیتے رہے۔ اس عرصے میں اس کے جسم میں داخل ہونے والے جراثیم مر گئے اور ایک ہفتے بعد مریض پوری طرح صحت یاب ہو گیا۔ ان تجربات سے یہ ثابت ہو گیا کہ دماغ کی بے ہوشی کے دوران جسم کے ہر قسم کے خلیے بے ہوش ہو جاتے ہیں یا سو جاتے ہیں اور آکسیجن نہ ملنے سے بھی نہیں مرتے۔ نیورنز بھی اعصابی خلیے ہی ہوتے ہیں اس لیے بے ہوشی کے دوران نہ وہ جسم کے برقی سگنل موصول کرتے ہیں اور نہ ہی کسی طرح کے سگنل بھیج سکتے ہیں۔

انیستھیسیا کی یہ خوبی دیکھ کر اب میڈیکل سائنسداں کچھ ایسے تجربات کر رہے ہیں جن کے کامیاب ہو جانے کی صورت میں امراض اور موت کے بہت سے عمل بدل سکتے ہیں۔ مثلاً یہ بات ثابت ہو چکی ہے کہ ایک انسان کی دو موتیں ہوتی ہیں، پہلی موت اس وقت ہوتی ہے جب اس کے دل کی دھڑکن رک جاتی ہے، نبض خاموش ہو جاتی ہے اور دورانِ خون ختم ہو جاتا ہے۔ اس موت کو طبی اصطلاح میں کلینکل موت کہا جاتا ہے۔ اس موت کے بعد جسم کا تمام اندرونی سسٹم رک جاتا ہے لیکن دماغی یعنی اعصابی خلیے سات آٹھ منٹ تک زندہ رہتے ہیں یا دوسرے لفظوں میں یہ کہیے کہ جب تک ان کو آکسیجن ملتی رہتی ہے وہ زندہ رہتے ہیں اس دوران اگر مرنے والے کے دل کو مصنوعی طور پر چلا دیا جائے تو وہ پھر زندہ ہو جاتا ہے یعنی اس کے بدن کا بایولوجیکل عمل دوبارہ کام کرنے لگتا ہے لیکن اگر سات آٹھ منٹ تک اعصابی خلیوں کو آکسیجن نہ ملے تو وہ خلیے ٹوٹنے لگتے ہیں اور مریض کی دوسری موت ہو جاتی ہے جسے فزیکل موت کہا جاتا ہے۔ اب ڈاکٹر یہ سوچ رہے ہیں کہ کسی طرح اگر کلینکل یا پہلی موت کے بعد دماغی خلیوں کو ٹوٹنے سے روکنے کا کوئی طریقہ نکال لیا جائے اور یہ مدت سات آٹھ منٹ کی بجائے آدھا پون گھنٹے کر دی جائے تو مریض کلینکل موت کے ایک گھنٹے بعد تک واپس زندگی کی طرف لایا جا سکتا ہے۔ اگر سائنسداں اس طرح کے تجربات کر کے اعصابی خلیوں کو زندہ رکھنے کا کوئی طریقہ نکال سکے تو آپ اندازہ کر سکتے ہیں کہ اس کوشش سے کتنے انسانوں کی زندگیاں بچائی جا سکیں گی۔ میڈیکل سائنس کی جدید تحقیق کے مطابق ابھی

تک اس درمیانی وقفے کو بارہ سے پندرہ منٹ تک بڑھانے میں کامیابی حاصل ہوسکی ہے۔ لیکن یہ تو ابھی ابتدا ہے، اب سے دو سو سال پہلے کوئی یہ سوچ بھی نہیں سکتا تھا کہ حرکتِ قلب بند ہو جانے والے مریض کو اگر سات آٹھ منٹ میں طبّی امداد مل جائے تو اسے دوبارہ زندگی مل سکتی ہے، یعنی وہ مر کر بھی زندہ ہوسکتا ہے۔ ان ہی سائنسی تجربات کو نظر میں رکھتے ہوئے ایک روسی سائنسداں نے کہا تھا ''مستقبل قریب میں موت ایک فیصلہ نہیں رہے گی بلکہ ایک مرض کا درجہ لے لے گی، جس کا علاج ممکن ہوگا۔''

بجلی کی اقسام

جب سے انسان نے سوچنا سمجھنا یعنی شعور سے کام لینا سیکھا ہے تب سے اب تک وہ دو قسم کی بجلیوں سے واقف ہے۔ پہلی قسم کی بجلی کو آسمانی بجلی کہتے ہیں جو بادلوں کے درمیان کڑکتی اور چمکتی ہے اور دوسری قسم کی بجلی وہ ہے جو ہم آج کل گھروں میں استعمال کرتے ہیں۔ جس سے بلب روشن ہوتے ہیں۔ پنکھے، فریج اور ہیٹر چلتے ہیں یا فیکٹریوں میں بڑی بڑی مشینیں چلتی ہیں یعنی بظاہر دوسری قسم کی بجلی انسانی زندگی کو آرام اور سہولتیں پہنچاتی ہے اور پہلی قسم کی بجلی یعنی آسمانی بجلی صرف نقصان پہنچاتی ہے۔ وہ جب زمین پر گرتی ہے تو جنگلوں میں آگ لگا کر میلوں تک ہرے بھرے درختوں کو جلا کر خاک کر دیتی ہے۔ کسی جانور یا انسان پر گرتی ہے تو اس کو بھی جلا کر مار ڈالتی ہے۔ بڑی بڑی عمارتوں پر گرتی ہے تو کئی کئی منزلوں کی عمارتوں کو کھنڈر بنا دیتی ہے۔ آسمانی بجلی کا یہ بھیانک روپ نسل انسانی صدیوں سے دیکھتی آرہی ہے جسے وہ خدا کا عذاب سمجھتی ہے کیوں کہ یہ بجلی زمین پر گر کر جنگلوں کو تباہ کرنے کے علاوہ ہزاروں جانوروں کو بھی اپنی لپیٹ میں لے لیتی ہے اور انسان بے بسی سے اس کی غارت گری کو دیکھتا ہی رہ جاتا ہے۔ اٹھارہویں صدی تک آسمانی بجلی جنگل، مکان، جانور اور انسان کسی کو نہیں بخشتی تھی بلکہ مندر، مسجد، کلیسا یا عبادت گاہوں کو بھی برباد کر دیتی تھی۔

1752 تک عام انسان تو کیا سائنس داں تک یہ سمجھتے تھے کہ آسمانی بجلی اس بجلی سے الگ کوئی شئے ہے جس پر سائنس داں تجربات کر رہے تھے۔ 1752 تک سائنس داں جس بجلی سے واقف تھے، اسے رواں بجلی نہیں سمجھا جاتا تھا بلکہ وہ ساکن بجلی

(Static Electricity) کہی جاتی تھی۔ اس کے مقابلہ میں آج جو بجلی ہم گھروں میں استعمال کرتے ہیں، وہ رواں بجلی سمجھی جاتی ہے۔ اسی لیے دھات کے تاروں میں دوڑتی بجلی کو 'برقی رو' کہا جاتا ہے۔

انسان کا بجلی سے تعارف عیسیٰ کی پیدائش سے چھ سو سال قبل ہوا جسے ۶۰۰ ق۔م۔ کہا جاتا ہے۔ بجلی کی دریافت کا سہرا ایک یونانی سائنس داں تھیلز (Thales) کے سر جاتا ہے۔ یونان میں اس زمانے میں ''کہربا'' کے زیور عام طور پر پہنے جاتے تھے۔ کہربا چیڑ کے درختوں سے نکلا گوند کی قسم کا ایک مادہ ہوتا تھا جو درخت سے باہر آکر جم جاتا تھا اور پھر برسہا برس تک موسموں کی بھٹی میں تپ کر چٹان کی طرح سخت ہوجاتا تھا۔ مشہور ہے کہ ایک دن تھیلز کہربا کے ایک زیور کو چمکانے کے لیے اپنے کپڑے پر رگڑ رہا تھا۔ زیور کو چمکا کر اس نے زمین پر رکھا تو وہ یہ دیکھ کر حیران رہ گیا کہ رگڑے جانے سے زیور سوکھے پتوں اور گھاس پھونس کو اپنی جانب کھینچ رہا تھا۔ چناں چہ تھیلز نے کہربا کی اس خصوصیت کا نام ''الیکٹری سٹی'' رکھ دیا کیوں کہ یونانی زبان میں کہربا کو ''الیکٹران'' کہا جاتا تھا۔ اسی سے یہ لفظ الیکٹری سٹی بن گیا اور بجلی کے لیے استعمال ہونے لگا۔

تھیلز کی اس حیرت انگیز دریافت کے تقریباً دو ہزار سال بعد یعنی 1600 میں ولیم گل برٹ نام کے ایک سائنس داں نے دنیا کو بتایا کہ شیشے، گندھک، ابرق اور ہیرے میں بھی یہ خاصیت پائی جاتی ہے جو کہربا میں ہوتی ہے۔ اس زمانے کے سائنسداں سمجھتے تھے کہ بجلی بھاپ کی قسم کی کوئی شئے ہے جو رگڑنے پر باہر نکلنے لگتی ہے۔

اٹھارہویں صدی کے وسط تک سائنس داں بجلی میں دلچسپی تو لیتے تھے مگر وہ اسے محض ایک قدرتی کرشمہ سمجھتے تھے۔ وہ یہ سوچ بھی نہیں سکتے تھے کہ اس بجلی سے کوئی کام بھی لیا جاسکتا ہے۔ اس وقت تک ''ساکن بجلی'' پیدا کرنے کے تجربات صرف اپنے تجسس کی تسکین تک محدود تھے۔ لیکن 1752 میں بنجامن فرینکلن نام کے ایک سائنس داں نے یہ انکشاف کرکے دنیا کو حیران کردیا کہ ساکن بجلی اور آسمانی بجلی دونوں ایک ہی شئے ہیں۔ فرق صرف یہ ہے کہ آسمانی بجلی سمندر کی طرح عظیم اور طاقتور بجلی ہے اور

ساکن بجلی اس کے مقابلے میں پانی کے ایک قطرے کے برابر قوت کی حامل ہوتی ہے۔ ساکن بجلی کا جب تجربہ کیا جاتا تھا تو بجلی چنگاریوں کی شکل میں نظر آتی تھی۔ فرینکلن نے اپنی بات کے ثبوت میں ایک روز بہت سے لوگوں کی موجودگی میں ایک پتنگ اڑایا۔ اس روز آسمان پر بادل چھائے ہوئے تھے اور بجلی چمک رہی تھی۔ اس نے پتنگ کی ڈور میں لوہے کی ایک چابی لٹکا دی۔ پتنگ کی ڈور باریک تار کی تھی۔ تجربہ کے دوران ایک بار بادلوں میں بجلی چمکی تو پتنگ کی ڈور میں لٹکی چابی سے چنگاریاں نکلنے لگیں۔

اس تجربے نے سائنس دانوں کو بجلی پر مزید تجربات کرنے پر مجبور کر دیا اور ان تجربات سے پتا چلا کہ بجلی دراصل الیکٹران کی 'رو' ہوتی ہے جو دھات کے ان تاروں میں تیزی سے دوڑتی ہے جن کے ایٹموں کے الیکٹران ادھر ادھر دوڑتے رہتے ہیں۔ مزید تفصیل میں نہ جاتے ہوئے صرف اتنا بتا دینا کافی ہے کہ 'فیراڈے' نام کے ایک امریکی سائنس داں اور 'ہنری' نام کے انگریزی سائنس داں نے جلد ہی یہ ثابت کر دیا کہ بجلی اور مقناطیس ایک ہی قسم کی چیزیں ہیں یعنی بجلی سے مقناطیس بن سکتا ہے اور مقناطیس سے بجلی پیدا کی جاسکتی ہے۔ اسی طرح بجلی پر تجربات ارتقائی منزلیں پار کرتے رہے۔ آخر انیسویں صدی میں ایڈیسن نام کے سائنس داں نے بجلی کا بلب بنا کر دنیا کو روشن کر دیا۔ گراہم بیل نے اسی بجلی کے ذریعے ٹیلی فون بنا کر پوری دنیا کو سمیٹ کر رکھ دیا۔ اسی ارتقائی دور میں سائنس داں کیمیکل کے ذریعہ بھی بجلی بنانے لگے جو بیٹری کے سیلوں کی شکل میں ہم تک پہنچے اور جن سے کاروں کو چلانے والی بیٹریاں بنائی جانے لگیں۔

یہاں یہ بتانا بھی ضروری ہے کہ 1752 میں بنجامن فرینکلن نے اپنے پتنگ والے تجربے کے بعد لوگوں کو یہ مشورہ دیا تھا کہ اونچی عمارتوں کے ساتھ اگر لوہے کی ایک چھڑ لگا کر زمین میں کچھ گہرائی تک گاڑ دی جائے تو آسمانی بجلی عمارت کو نقصان پہنچائے بغیر اس چھڑ کے ذریعہ زمین میں چلی جائے گی۔ چناں چہ اس زمانے سے آج تک ہر اونچی عمارت میں ایک لوہے کی چھڑ لگائی جاتی ہے جس سے عمارتیں آسمانی بجلی

سے محفوظ رہتی ہیں۔

اس مضمون کا عنوان ہے ''بجلی کی اقسام'' -جب کہ آج یہ بات ثابت ہوچکی ہے کہ بجلی صرف ایک ہی قسم کی ہوتی ہے۔ البتہ اس کے روپ الگ الگ ہوتے ہیں۔ اوپر بتایا گیا ہے کہ بجلی دو قسم کی ہوتی ہے-- ایک ساکن اور دوسری رواں بجلی۔ اس کے بعد اگر آپ کو یہ بتایا جائے کہ بجلی صرف آسمان پر ہی نہیں ہوتی، نہ ہی بجلی جنریٹروں سے پیدا کرنے یا کیمیکل کے ذریعے بنانے تک محدود ہے بلکہ سچ یہ ہے کہ ہر جاندار شئے میں بجلی ہوتی ہے۔ اٹلی کے سائنس داں یوگی گلوری نے مردہ مینڈک کے عضلات میں بجلی دوڑا کر یہ ثابت کردیا تھا کہ ہر جسم کے عضلات اور اعصاب میں بجلی ہوتی ہے۔ خود ہم انسانوں کے دل اور دماغ بجلی پیدا کرتے رہتے ہیں لیکن یہ اس قدر کم مقدار میں ہوتی ہے کہ اس کو بہت حساس آلات کے ذریعہ ہی ناپا جاسکتا ہے۔ آپ نے ای سی جی نام کے طبی آلے کا نام ضرور سنا ہوگا جس سے دل کی حرکات کی پیائش کی جاتی ہے۔ اسی طرح ایک آلہ دماغ سے خارج ہونے والی برقی لہروں کو ناپ کر دماغ میں ہونے والے عمل کی ناپ تول کرتا ہے۔ یعنی ایک طرح سے ہر زندہ جسم ایک طرح کا زندہ بجلی گھر ہوتا ہے جو کم یا زیادہ مقدار میں بجلی پیدا کرتا رہتا ہے۔ سمندر میں رہنے والی کئی قسم کی مچھلیاں زبردست قوت کی برقی لہریں پیدا کرتی ہیں۔ جیلی فش نام کی ایک مچھلی تو اتنا زبردست کرنٹ مارتی ہے کہ اس سے آدمی کی موت واقع ہوسکتی ہے۔ آج کل دنیا بھر میں بجلی کی کھپت اس قدر بڑھ گئی ہے کہ بجلی بنانے والے ذرائع اس کمی کو پورا کرنے میں ناکام ہوتے جارہے ہیں۔ اسی لیے دنیا بھر میں نئے نئے طریقوں سے سستی در پر پیدا ہونے والی بجلی کے ذریعے تلاش کئے جارہے ہیں۔

بجلی بنانے کا عام طریقہ تو یہ ہے کہ تیز بہتے ہوئے پانی سے چرخ چلا کر بجلی بنائی جاتی ہے۔ بڑے بڑے دریاؤں پر ڈیم بجلی بنانے کے لیے ہی تعمیر کئے جاتے ہیں۔ دوسرا طریقہ ہے کہ کوئلہ جلا کر پانی کی بھاپ کے ذریعہ چرخ چلائے جاتے ہیں لیکن دونوں طریقوں سے ایک محدود مقدار میں ہی بجلی بن پاتی ہے پھر یہ کہ ایندھن کی کمی کی دشواریاں بھی آتی رہتی ہیں۔ اسی لیے سائنس دانوں نے ایٹمی بھٹیاں بنانا

شروع کیں۔ ان ایٹمی بھٹیوں میں ایٹم کو توڑ کر حرارت کی شکل میں توانائی پیدا کی جاتی ہے پھر اس توانائی سے چرخ چلائے جاتے ہیں۔ یہ طریقہ دوسرے ذرائع کے مقابلے کافی سستا پڑتا ہے اور اس ایٹمی بھٹی سے بہت سے امراض کی ریڈیو ایکٹو دوائیں بھی بنائی جاتی ہیں۔

بجلی بنانے کا سب سے آسان اور سستا طریقہ سورج کی حرارت کو براہ راست بجلی میں تبدیل کرنا ہے۔ سورج ہمیں ہر دم لامحدود توانائی حرارت کی شکل میں دیتا رہتا ہے۔ سائنس داں اسی کھوج میں لگے ہوئے تھے کہ سورج کی حرارت کو بجلی میں کیسے تبدیل کیا جاسکتا ہے۔ آخر برسوں کے تجربات کے بعد انہوں نے ایک طریقہ دریافت کرلیا۔ انہوں نے قدرتی عنصر سلی کون کی مدد سے سولر سیل بنالئے۔ سولر سیل بغیر کسی خرچ کے سورج کی شعاعوں کو بجلی میں تبدیل کرتے رہتے ہیں۔ خلا میں بھیجے گئے تمام مصنوعی سیاروں میں یہی سولر سیل لگے ہوتے ہیں جو اس سیارے کو بجلی سپلائی کرتے رہتے ہیں لیکن مشکل یہ ہے کہ سولر سیل بنانے پر ہی اس قدر لاگت آجاتی ہے کہ وہ عام بجلی بنانے کے طریقوں سے کئی گنا زیادہ ہوجاتی ہے۔

سائنس داں جانتے ہیں کہ اگر وہ بہت سستے سولر سیل بنانے میں کامیاب ہوگئے تو ان کے ذریعہ ہر گھر اور ہر کارخانے میں ایک ایسا بجلی گھر لگایا جاسکے گا جو بغیر کسی خرچ کے ہمیشہ اس گھر کو بجلی سپلائی کرتا رہے گا یعنی جب تک سورج چمکتا رہے گا وہ سولر سیل حرارت کو براہ راست بجلی میں تبدیل کرتے رہیں گے۔ اسی لیے آج کل دنیا بھر کے سائنس داں سستے قسم کے سولر سیل بنانے کی کوششوں میں مصروف ہیں۔

ان ہی تجربات کے درمیان سائنس دانوں نے ایک اور حیرت انگیز تجربہ کیا۔ 1962 میں کچھ سائنس دانوں نے ایک خاص قسم کا ریڈیو اسٹیشن بنایا جو صرف پندرہ میل کے دائرے تک اپنے پیغامات نشر کرسکتا تھا۔ اس کی وجہ یہ تھی کہ ریڈیو اسٹیشن کو چلانے والی بجلی جراثیم سے بنی ایک بیٹری سے حاصل کی گئی تھی۔ سائنس دانوں نے اس نئے قسم کے زندہ بجلی گھر کا نام بایوسیل (Bio Cell) رکھا تھا۔ بایوسیل میں ایک رقیق مادہ ہوتا ہے اور جراثیم ہوتے ہیں۔ جراثیم اس رقیق مادہ کو غذا کے طور پر استعمال کرکے اس کی

توانائی کو براہ راست بجلی میں تبدیل کر دیتے ہیں۔ اسی لیے جراثیم کے ساتھ استعمال کئے جانے والے اس رقیق مادے کو ایندھن کہا جاتا ہے۔ دراصل سائنس داں یہ بات کافی عرصہ سے جانتے تھے کہ بیکٹیریا یعنی جراثیم مختلف قسم کی توانائیاں پیدا کرتے ہیں حتیٰ کہ حرارت اور روشنی کی شکل میں بھی توانائی پیدا کر سکتے ہیں۔ اس بات کو اس طرح بھی کہا جاسکتا ہے کہ جراثیم ایک قسم کی توانائی کو دوسری قسم کی توانائی میں تبدیل کر سکتے ہیں۔ حقیقت یہ ہے کہ ہر زندہ جسم ایک بایو کیمیکل ایندھن کا سیل ہوتا ہے جو بجلی کی بجائے حرارت پیدا کرتا رہتا ہے۔ 1962 کے اس جراثیمی بجلی گھر میں بھی سائنس دانوں نے جراثیم کی اسی حرارت کو بجلی میں تبدیل کرنے کا یہ طریقہ نکالا کہ پہلے اس کو الیکٹرونز کی 'رو' میں تبدیل کیا پھر اس میں انوڈ (Anode) اور کیتھوڈ (Cathode) قائم کر کے ایک بیرونی سرکٹ سے ملا دیا۔ اس طرح الیکٹرونز کی رو کا سرکٹ قائم ہو گیا اور جراثیم سے بنایا گیا یہ چھوٹا سا بجلی گھر تیار ہو کر اتنی مقدار میں بجلی پیدا کرنے لگا کہ اس سے ایک چھوٹا سا ریڈیو اسٹیشن کام کرنے لگا۔

بزرگ کہتے ہیں کہ انسان سچے دل سے کوئی کام کرتا ہے تو ایک نہ ایک دن اسے کامیابی ضرور حاصل ہوتی ہے۔ چنانچہ وہی ہوا۔ دنیا بھر کے سائنس دانوں کی مسلسل جدو جہد اور تجربات آخر رنگ لائے اور اب سائنس دانوں نے ایسے سولر سیل بنانے کا طریقہ ڈھونڈ لیا جو بہت کم خرچ پر بنائے جاسکتے ہیں اور برسہا برس تک سورج کی حرارت کو بجلی میں تبدیل کرتے رہیں گے۔ ان شمسی سیلوں کو نینو برقی سیل (Nano Electric Cell) کہا جاسکتا ہے کیوں کہ ان سیلوں میں پلاسٹک اور مادے کے نینو سیل ملا کر بنایا جاتا ہے۔

وقت یا فاصلے یا کسی مادے کے مختصر سے مختصر حصہ کو نینو کہا جاتا ہے۔ مثلاً ایک سکنڈ یا ایک ملی میٹر کے دس لاکھ کے ہزارویں حصہ کو نینو کہا جاتا ہے۔ یہ اس کائنات کا سب سے مختصر پیمانہ مانا جاچکا ہے۔ نینو پیمانے کے مختصر شمسی سیل بنانے میں ایک امریکی سائنس داں رچرڈ سالمی (Richard Samli) کی ایک دریافت سے مدد ملی جسے 'بکی بال' کا نام دیا گیا۔ رچرڈ سالمی کو اسی دریافت پر 1996ء کا کیمسٹری کا نوبل پرائز

دے دیا گیا تھا۔ سالمی کو کاربن عنصر کے سالموں (Molicules) پر تجربات کرتے ہوئے اچانک کاربن کا ایک ایسا سالمہ مل گیا جس کی شکل فٹ بال کی طرح تھی۔ اسی بنا پر اس کو 'بکی بال' کا نام دے دیا گیا۔ بعد میں پتا چلا کہ بکی بال میں ایسی خصوصیات موجود ہیں جو شمسی سیل بنانے میں مددگار ثابت ہوسکتی ہیں۔ اس کے ساتھ ہی سائنس داں ایک نئی قسم کا پلاسٹک بنانے میں مصروف تھے۔ ایک ایسا پلاسٹک جس میں برقی رو اسی طرح دوڑ سکے جس طرح دھات کے تاروں میں دوڑتی ہے۔ خوش قسمتی سے سائنس داں ایسا پلاسٹک بنانے میں کامیاب ہوگئے۔ یہ دونوں ایجادیں اور دریافتیں اس زمانے کی سب سے اہم ضرورت یعنی سستی بجلی بنانے کا ذریعہ بن گئیں۔ چنانچہ سائنس دانوں نے بکی بال اور کنڈکٹیو پلاسٹک کو ملاکر شمسی سیل بنالئے جو بہت کم خرچ پر تیار ہوگئے اور سورج کی حرارت کو بجلی میں تبدیل کرنے لگے۔ اس نئی دریافت کا استعمال کس طرح کیا جائے یعنی ان شمسی سیلوں سے کس طرح کام لیا جائے۔ اس کے لیے سائنس دانوں نے ایک اور دلچسپ تجربہ کیا۔ انہوں نے الکحل اور کچھ دوسرے کیمیائی اجزا میں شمسی سیل ملاکر پلاسٹک کی ایک پتلی سی فلم پر اس طرح پھیلا دیا جیسے فوٹوگرافی کی فلم پر اس کا مصالحہ پھیلا دیا جاتا ہے، کچھ وقفہ کے بعد فلم پر سے الکحل اڑ گیا اور برقی سیل اس پر جم گئے۔ نتیجہ میں وہ فلم شمسی سیلوں کی طرح حرارت کو بجلی میں تبدیل کرنے لگی یعنی پہلا سستا کارآمد شمسی سیل تیار ہوگیا۔ اب یہ فلم ایک لامحدود مدت تک حرارت سے بجلی بنا کر سپلائی جاری رکھ سکتی تھی۔ لیکن ابھی یہ شمسی سیل تجرباتی منزل میں ہیں۔ ان سے حاصل شدہ بجلی کم طاقت کی ہوتی ہے مگر سائنس دانوں کو امید ہے کہ اگلے چار پانچ برسوں میں وہ ایسے شمسی سیل بنالیں گے کہ اس طرح کی فلمیں سارے گھر کو روشنی دے سکیں۔ ریفریجریٹر اور بجلی سے کام کرنے والے دوسرے آلات یا مشینیں چلاسکیں گی۔ ان شمسی سیلوں کو تیار کرنے کے لیے سب سے بڑی سہولت یہ ہے کہ نینو برقی ذرات کو کسی بھی پلاسٹک کی فلم پر چپکایا جاسکتا ہے بلکہ یہ کہئے کہ ان کو فلم جیسی پتلی تختیوں پر باقاعدہ اس طرح پرنٹ کیا جاسکتا ہے جیسے اخبار چھاپے جاتے ہیں۔ اس کے علاوہ اگر نینو برقی سیل کسی پینٹ میں ملاکر پینٹ دیوار پر لگادیا جائے تو پوری دیوار بجلی سپلائی کرنے کا ذریعہ

بن سکتی ہے۔ اس طرح تیار کی گئی فلم کو'فوٹو وولٹائک فلم'' کہا جاتا ہے۔ اس تکنیک کی دریافت کے بعد اب ساری دنیا کی بہت سی کمپنیاں فوٹو وولٹائک فلمیں بنانے میں مصروف ہوگئی ہیں۔ اس کے ساتھ ہی یہ کوششیں بھی جاری ہیں کہ ان شمسی سیلوں سے زیادہ مقدار میں بجلی کیسے حاصل کی جاسکتی ہے۔ اب تک سورج کی توانائی سے جو روشنی ان سیلوں کو ملتی ہے، وہ توانائی کے اعشاریہ تین ویں (۳ء) حصے کو ہی بجلی میں بدل پاتے ہیں لیکن امید ہے کہ 2005ء کے آخر تک وہ اس کی کارکردگی کو پانچ فی صد اور بڑھا سکیں گے۔ مزید یہ کہ اس مرکب میں ٹیٹانم (Titanum) عنصر کے ذرات ملا کر اس کی کارکردگی میں دس فی صد تک اضافہ کرسکیں گے۔ پلاسٹک کی پلیٹوں اور فلموں پر پرنٹ کئے گئے ان شمسی سیلوں کا فائدہ یہ ہے کہ یہ کسی بھی جگہ آسانی سے لگائے جاسکتے ہیں مثلاً آپ اپنے موبائل فون پر اس کی ایک پٹی کاٹ کر چپکا دیں گے تو پھر سیلولر فون کی بیٹری کو ریچارج کرنے کی ضرورت نہیں رہے گی۔ یہ شمسی فلم اس کو مسلسل بجلی سپلائی کرتی رہے گی۔ اسی طرح بار بار چارج کرنے والی بیٹریوں سے چلنے والے ہر قسم کے آلات میں یہ لچک دار پٹیاں آسانی سے لگائی جاسکیں گی۔ اس کے علاوہ سائنس داں اون اور سوت کے دھاگوں کی بناوٹ میں بھی یہ شمسی سیل شامل کرنے کے تجربات کر رہے ہیں۔ یقین ہے کہ مستقبل میں آپ کے کپڑے براہ راست حرارت کو بجلی میں تبدیل کرکے آپ کو ضرورت کے مطابق توانائی بہم پہنچاتے رہیں گے۔ یعنی پھر برفانی علاقوں میں بھی آپ ایک قمیض میں آرام سے گھوم پھر سکیں گے۔

سائنس دانوں کو امید ہی نہیں، یقین ہوگیا ہے کہ وہ مستقبل میں ان شمسی سیلوں کے ذریعہ ہر گھر کو روشن کردیں گے۔ ان کے ذریعہ ریڈیو، ٹیلی ویژن، پنکھے، فریج غرض کہ بجلی سے چلنے والی ہر چیز مفت کی بجلی سے کام کرنے لگے گی۔ مستقبل قریب میں ایسا ہوگیا تو آپ اندازہ لگاسکتے ہیں کہ عام انسان کو کتنی راحت ملے گی۔ اس ایجاد سے بجلی کے تاروں کی ضرورت بھی ختم ہوجائے گی۔ بجلی گھر یا ٹرانسفارمر خراب ہوجانے پر بجلی چلے جانے کا خدشہ بھی نہیں رہے گا کیوں کہ پھر آپ براہ راست سورج کی توانائی کو اپنے مصرف میں لاسکیں گے۔!

دراصل اس مضمون کا عنوان اس لیے غلط ہے کہ بجلی کی اقسام نہیں ہوتیں۔ بجلی صرف الیکٹرانز کی رو کا نام ہے البتہ بجلی حاصل کرنے کے طریقے الگ ہیں۔ قارئین کو یہی سمجھانے کے لیے یہ عنوان قائم کیا گیا ہے۔

ایک قسم کی بجلی پیزوالیکٹری سٹی (Piezio) کہلاتی ہے۔ فطرت میں پیزد نام کا ایک کرسٹل ہوتا ہے۔ اس پر دباؤ ڈالا جائے تو اس کے ایک سرے سے نگیٹو اور دوسرے سرے سے پوزیٹو بجلی خارج ہونے لگتی ہے۔ اس بجلی سے بھی بہت سے کام لئے جاتے ہیں لیکن یہ بجلی بہت حساس آلوں میں ہی کام آتی ہے۔

آسمانی بجلی کی چمک اور کڑک تو ہر آدمی سنتا رہتا ہے لیکن کوئی نہیں بتا سکتا کہ صرف ایک بار آسمان میں چمکنے والی بجلی میں کتنی قوت ہوتی ہے۔ کچھ سائنس دانوں کا خیال ہے کہ اگر ایک بار چمکنے والی بجلی کو قابو میں کر کے انسان اسے استعمال کرنے کے قابل ہو جائے تو شاید دنیا کے ہر گھر کو اس بجلی کے ذریعہ روشن کیا جا سکتا ہے۔ ابھی تو اس بجلی کو قابو میں کرنا ناممکن نظر آتا ہے لیکن کون جانے مستقبل میں سائنس داں اس قدرتی بجلی کو بھی قابو میں کر کے انسان کی بہبودی کے کاموں پر لگادیں۔

آخر میں ایک دلچسپ ایجاد کے بارے میں جاننا بھی ضروری ہے۔ بزرگ کہتے ہیں کہ ضرورت ایجاد کی ماں ہوتی ہے۔ برطانیہ کے ایک ڈاکٹر ٹریور بے لیس (Travor Baylis) افریقہ میں ایڈس کی بیماری سے بچنے کے طریقے عوام کو بتانا چاہتے تھے۔ انہوں نے دیکھا کہ دور دراز کے علاقوں میں آباد قبیلوں سے رابطہ قائم کرنے کی کوئی صورت نہیں ہے۔ وہاں بجلی نہیں تھی۔ بیٹریاں بھی دستیاب نہیں تھیں۔ اس لیے ریڈیو یا ٹرانزسٹر بھی نہیں تھے جب کہ ریڈیو کے ذریعہ اس خطرناک بیماری کے بارے میں ہر گاؤں اور ہر قبیلے کو آگاہ کیا جا سکتا تھا۔ وہ سوچنے لگے کہ ان علاقوں میں اپنا پیغام پھیلانے کے لیے وہ کیا کر سکتے ہیں۔ ان جنگلی علاقوں میں ریڈیو اور ٹرانزسٹر کی سہولت کس طرح پہنچائی جا سکتی ہے۔ چنانچہ بہت تلاش و جستجو کے بعد انہیں ایک ترکیب سوجھ گئی۔ پہلے زمانے میں گھروں میں دیوار پر لگے کلاک یا میزوں پر رکھی گھڑیاں مکینیکل ہوتی تھیں۔ ان گھڑیوں میں اسپرنگ اور فنر (Funner) لگے ہوتے تھے۔

گھڑی میں چابی دے کر فنر کو کس دیا جاتا تھا پھر وہ فنر آہستہ آہستہ کھل کر ہفتہ بھر تک گھڑی کو چلاتا رہتا تھا۔ ڈاکٹر ٹریور نے سوچا فنر کے ذریعہ اگر گھڑی چل سکتی ہے تو ایک چھوٹا سا ڈائنمو (Dynamo) بھی چلایا جا سکتا ہے جو اتنی بجلی بنا سکتا ہے جس سے ریڈیو یا ٹرانزسٹر چل سکے۔ پہلے زمانے میں لوگ روشنی کے لیے ایسے ہی ڈائنمو سائیکلوں میں بھی لگاتے تھے۔ چناں چہ انہوں نے یہی کیا۔ کچھ انجینئروں کی مدد سے چھوٹے ڈائنمو بنائے اور ملکینکل گھڑیوں کے فنر سے وہ ڈائنمو چلا کر دیکھے۔ ان کی توقع کے مطابق ان ڈائنموں سے اتنی بجلی بننے لگی کہ دور دراز کے علاقے میں بھی ٹرانزسٹر بغیر بجلی یا بیٹری کے کام کرنے لگے۔ ڈاکٹر ٹریور کی کوششوں سے آج یہ 'گھڑی ریڈیو' افریقہ میں ہر جگہ نظر آنے لگے ہیں۔ اب ان جنگلی قبیلوں کا تعلق پوری دنیا سے ہو گیا ہے۔ اس طرح بجلی انسان کی زندگی میں آج کی سب سے بڑی ضرورت بن گئی ہے۔

آوازوں کی آلودگی

انسانی زندگی قدرت کی جانب سے ودیعت کی گئی پانچ قوتوں پر منحصر ہے جنہیں حواس خمسہ کہا جاتا ہے ۔یعنی قوت باصرہ دیکھنے کی قوت، قوت لامسہ یعنی اشیا کو چھو کر محسوس کرنے کی قوت،قوت شامہ سونگھنے کی قوت،قوت ذائقہ چکھنے کی قوت، قوت سامعہ یعنی آوازیں سننے کی قوت۔ان میں سے کوئی حس یعنی قوت اگر بیکار ہوجائے تو زندگی ادھوری رہ جاتی ہے۔یہ سب جانتے ہیں کہ قوت باصرہ روشنی سے ہمیں ملتی ہے یعنی ہم روشنی کے ذریعہ اپنے اردگرد کی چیزوں اور ساری کائنات کو دیکھتے ہیں۔ابتدائی دور کا انسان صرف سورج اور چاند کی روشنی یا آگ سے پیدا ہوئی روشنی سے واقف تھا۔ وہ سورج کی روشنی اور آگ کی روشنی سے حرارت حاصل کرتا تھا۔لیکن آج کا انسان قدرتی روشنی سے طرح طرح کے کام لینے لگا ہے۔ روشنی سے ہماری مراد روشنی کی کرنوں سے ہے جو لہروں کی صورت میں ایک جگہ سے دوسری جگہ جاتی ہیں۔ روشنی ایک سکنڈ میں تین لاکھ کلومیٹر کی رفتار سے چلتی ہے اور روشنی کی بہت سی قسمیں ایسی ہیں جو انسانی آنکھیں نہیں دیکھ سکتیں۔ مثلاً ہم زریں سرخ (Infra Red) اور ان سے زیادہ طویل روشنی کی لہروں کو نہیں دیکھ سکتے۔ اسی طرح بالائے بنفشی شعاعیں (Altra Violet) اور ان سے اوپر کی شعاعوں کو نہیں دیکھ سکتے۔لیکن یہ نظر نہ آنے والی شعاعیں انسانی جسم کو نقصان بھی پہنچا سکتی ہیں اور ہمارے لیے کارآمد بھی ہوتی ہیں۔ جسم کے اندر کے امراض کو سمجھنے کے لیے ڈاکٹر مریضوں کے ایکس ریز کراتے ہیں۔ ایکس ریز کو ہم دیکھ نہیں سکتے مگر وہ فوٹوگرافک پلیٹ پر ہمارے جسم کے اندرونی

حصوں کے فوٹو بنا دیتی ہیں۔ دوسرے لفظوں میں یہ کہا جا سکتا ہے کہ سائنس دانوں نے نظر نہ آنے والی شعاؤں سے انسانی زندگی کو بہترین اور آرام دہ بنانے کے آلات اور مشینیں بنائی ہیں۔

روشنی کی لہروں کی طرح ہی آواز بھی لہروں کی صورت میں ہمارے کانوں تک پہنچتی ہے لیکن دونوں قسم کی لہروں میں ایک خاص فرق ہے اور وہ یہ کہ روشنی کی لہریں Transvers ہوتی ہیں اور آواز کی لہریں طول البلادی (Longitudinal) ہوتی ہیں۔ اس فرق کو آپ اس طرح آسانی سے سمجھ سکتے ہیں کہ اگر پانی کی سطح پر ایک 'کارک' پڑا ہوا ہو تو پانی کی لہروں کے ابھار اور گہرائی کے ساتھ 'کارک' اوپر نیچے حرکت کرتا ہوا آگے بڑھے گا۔ لہروں کے اس طرح کے اتار چڑھاؤ کو ہی Transvers کہا جاتا ہے۔ لہروں کے ابھاروں کے درمیان جو فاصلہ ہوتا ہے، اسے ایک طول موج کہا جاتا ہے۔ اس کے مقابلہ میں آواز کی لہریں دائروں کی شکل میں پھیلتی ہیں۔ اگر آپ حوض کے ٹھہرے ہوئے پانی میں پتھر پھینک دیں تو دیکھیں گے کہ پتھر گرنے کے مقام سے لہریں اٹھتی ہیں اور دائروں کی شکل میں پھیلتی کناروں کی طرف بڑھنے لگتی ہیں۔ بالکل اسی طرح آواز کی لہریں بھی دائروں کی شکل میں پھیلتی ہوئی چلتی ہیں اور جب ہمارے کانوں تک پہنچتی ہیں تو یہ لہریں کانوں کے اندر بنے قدرتی پردے کو حرکت دیتی ہیں جس کی وجہ سے ہم وہ آواز سن سکتے ہیں۔ آواز کا سننا ایک عام اصطلاح ہے ورنہ تو آواز محسوس کرنے کا عمل کافی پیچیدہ ہے۔ سب سے پہلے آواز کی لہریں کانوں کے اندر پردے کو حرکت دیتی ہیں۔ اس پردے کے پیچھے ایک کیمیاوی مادہ ہوتا ہے جو اعصاب سے جڑا ہوتا ہے۔ پردے کی حرکت سے کیمیکل کے اجزا (مالی کیول) اعصاب کو متحرک کرتے ہیں اور یہ اعصاب دماغ کے سننے والے مرکز تک آواز کے سگنل لے جاتے ہیں جن سے ہم آواز کو سمجھ پاتے ہیں۔ اسی عمل کو آواز سننے کا عمل کہا جاتا ہے۔

آپ رات دن باریک موٹی بھدی، سریلی چیخنی، چنگھاڑتی یا سرسراتی آوازیں سنتے رہتے ہیں۔ آوازوں کا یہ فرق اُن آوازوں کے طول موج پر منحصر ہوتا ہے۔ موسیقار

تیز آوازیں انسان کے پورے جسم پر کس طرح اثر انداز ہوتی ہیں	
آواز ڈیسیبل کے پیمانے پر	آواز کا اثر
۱۔ صفر ڈیسیبل	آواز سننے کی پہلی سطح
۲۔ ۱۱۰ ڈیسیبل	انسانی جلد پر اثر انداز ہونے لگتی ہے۔
۳۔ ۱۲۰ ڈیسیبل	درد کی ابتداء
۴۔ ۱۳۰ ڈیسیبل	جی متلانا، متلی ہونا، سر گھومنا، تمام اعضا میں سستی
۵۔ ۱۴۰ ڈیسیبل	کانوں میں درد شروع ہو جاتا ہے۔ قوت برداشت کی آخری حد
۶۔ ۱۵۰ ڈیسیبل	نبض کی رفتار بڑھ جاتی ہے، جلد میں جلن ہونے لگتی ہے، جذبات برانگیختہ۔
۷۔ ۱۶۰ ڈیسیبل	لمبے عرصہ تک سننے پر بہرا پن ہو جاتا ہے۔
۸۔ ۱۹۰ ڈیسیبل	کم عرصہ میں قوت سماعت ہمیشہ کے لیے ختم ہو جاتی ہے۔

بتاتے ہیں کہ موسیقی صرف سات سروں سے پیدا ہوتی ہے۔ یہ سر بھی آوازوں کی طول موج سے بنتے ہیں۔ طویل 'طول موج' کی آوازیں بھاری اور موٹی سنائی دیتی ہیں اور چھوٹے طول موج کی آوازیں باریک سنائی دیتی ہیں جنہیں موسیقار سا رے گا ما پا دھا نی کے سروں میں بانٹ دیتے ہیں لیکن دلچسپ بات یہ ہے کہ آواز کی لہروں کی لمبائی اور چھوٹائی کی تعداد لامحدود ہے جب کہ انسان بہت محدود لہروں کی آوازیں ہی سن سکتا ہے۔

سائنس داں لہروں کے 'طول موج' کو سمجھنے اور سمجھانے کے لیے ان کا حساب 'سائیکل' میں لگاتے ہیں۔ ایک خاص نقطہ سے ایک سکنڈ میں کسی آواز کی لہر کے جتنے ابھار گزرتے ہیں وہ ایک 'سائیکل' کہلاتا ہے مثلاً ایک طول موج کے ابھار ایک نقطے سے ایک سکنڈ میں دس بار گزرتے ہیں تو اس موج کا 'سائیکل' دس ہوا اور اگر اسی نقطہ سے ایک سکنڈ میں کسی موج کے ایک ہزار ابھار گزرتے ہیں تو اس کا سائیکل ایک ہزار مانا جائے گا۔ یہ خیال رہے کہ دونوں لہروں کی رفتار ایک ہی ہوگی لیکن چوں کہ طویل موج کے ابھار زیادہ فاصلوں پر ہوتے ہیں تو اس نقطہ سے کم تعداد میں گزریں گے اور

مختصر موج کے ابھار بہت کم فاصلوں پر ہوں گے۔ اس لیے وہ اس نقطہ سے اتنے ہی وقفہ میں زیادہ تعداد میں گزر جائیں گے۔

اوپر بتایا جا چکا ہے کہ انسانی کان بہت محدود طول موج کی آوازیں ہی سن سکتے ہیں۔ تجربات سے یہ بات ثابت ہو چکی ہے کہ انسان سولہ طول موج کی آوازوں سے لے کر بیس ہزار سائیکل والی طول موج کی آوازیں سن سکتا ہے۔ آواز کے اسی سائیکل کو ہرٹز (Hertz) بھی کہا جاتا ہے۔ آپ نے اکثر سنا ہوگا کہ ریڈیو کے پروگرام مختلف ہرٹز پر براڈ کاسٹ کئے جاتے ہیں تاکہ وہ ایک دوسرے سے نہ مل سکیں۔ اس کے علاوہ آواز کی تیزی اور بلندی یا سرسراہٹ کو ناپنے کا بھی ایک یونٹ (اکائی) بنایا گیا ہے جسے 'ڈیسیبل یونٹ' کہا جاتا ہے۔ آواز کا بھاری پن یا باریکی اسی ڈیسیبل یونٹ سے ناپی جاتی ہے۔ آواز کا یہ پیمانہ ٹیلی فون ایجاد کرنے والے مشہور سائنس داں الیگزینڈر گراہم بیل نے مقرر کیا تھا۔ اس پیمانے کے مطابق صفر ڈیسیبل سے ایک ڈیسی بیل تک آواز انسانی کان بمشکل سن سکتے ہیں یا یہ کہئے محسوس کر سکتے ہیں۔ ایک طرح سے بیس ڈیسیبل کی آوازیں انسان صاف طور پر سن اور سمجھ سکتا ہے۔ ہم آپس میں جو گفتگو کرتے ہیں وہ پچاس اور ساٹھ ڈیسیبل کے درمیان تک ہوتی ہے۔ اس سے زیادہ ڈیسیبل کی آوازیں کانوں کو ناگوار گزرنے لگتی ہیں۔ اسی ڈیسیبل کی آوازیں برداشت کے ناقابل ہو جاتی ہیں اور فضا میں شوروغل کی آلودگی کا درجہ لے لیتی ہیں۔ نوے ڈیسیبل کی آوازیں ایک سکنڈ کے عرصہ میں ہی کانوں کے آواز محسوس کرنے والے عضلات کو نقصان پہنچانے لگتی ہیں۔ اچانک زبردست دھماکہ کی آواز کان کے پردوں کو نقصان پہنچا سکتی ہے۔ اگر بہت اونچی اور تیز آوازیں کافی دیر تک کانوں تک پہنچتی رہیں تو کان بہرے پن کی حد میں داخل ہو سکتے ہیں۔ طویل عرصہ تک تیز اور گرجدار آوازیں سننے سے مکمل بہرا پن ہونے کے علاوہ جسم کے دوسرے حصوں پر بھی اثر پڑ سکتا ہے کیوں کہ تیز آوازیں خون کی باریک رگوں کو سکیڑنے لگتی ہیں جس کی وجہ سے جلد پیلی پڑنے لگتی ہے۔ ذہنی تناؤ پیدا ہونے لگتا ہے جس سے نروس بریک ڈاؤن ہو سکتا ہے۔ بلڈ پریشر میں اتار چڑھاؤ تیزی سے ہونے لگتا ہے اور قوت ہاضمہ پر بھی گہرا اثر ڈال سکتی

ہیں۔ تجربات سے پتا چلا ہے کہ اچانک دھماکے کی آواز ماں کے پیٹ میں بچہ کو بھی چونکا دیتی ہے اور وہ ہاتھ پیر چلانے لگتا ہے۔ بچے کے دل کی دھڑکن بھی اس طرح تیز ہو جاتی ہے جیسے وہ خوفزدہ ہو گیا ہو۔

یہ تمام تفصیل ان آوازوں کے بارے میں ہے جو انسانی کان سن سکتے ہیں۔ یعنی ہم سولہ طول موج کی لہروں سے لے کر بیس ہزار سائیکل تک کی آوازیں سن سکتے ہیں۔ اس خطہ یا پیمانے سے اوپر نیچے کی آوازیں انسانی کان نہیں سن سکتے۔ البتہ کچھ جانور الٹراسونک یعنی بیس ہزار سائیکل سے اوپر کی آوازیں سن سکتے ہیں۔ مثلاً کتوں میں سننے اور سونگھنے کی قوت انسانوں سے زیادہ ہوتی ہے۔ ۱۸۹۳ء میں سب سے پہلے ایک سائنس داں سر فرانسس گالٹن نے الٹراسونک آوازوں پر تجربہ کیا تھا۔ اس نے ایک ایسی سیٹی بنائی تھی جس سے الٹراسونک آواز نکلتی تھی۔ یہ آواز انسانی کان نہیں سن سکتے تھے۔ کتے سن سکتے تھے۔ البتہ اس تجربہ کے بعد بھی بہت سے شوقین لوگوں نے الٹراسونک آوازوں پر ہی اپنے کتوں کو مختلف 'حکم ماننا' سکھانا شروع کر دیا تھا اور یہ آواز کی الٹراسونک یا سب سونک لہروں کا ہی کرشمہ ہے کہ ان آوازوں کے ذریعہ سمندر کی گہرائی ناپی جا سکتی ہے۔ جس آلے سے سمندر کی گہرائی ناپی جاتی ہے، اسے 'سونار' کہا جاتا ہے۔ اس کے علاوہ الٹراسونک آوازیں آج میڈیکل سائنس میں بھی بے حد مددگار ثابت ہو رہی ہیں مثلاً الٹراساؤنڈ آلے کے ذریعہ پیٹ اور گردوں وغیرہ کی خرابیوں کا پتا لگایا جا سکتا ہے۔ کمال یہ ہے کہ آواز کی یہ خاموش لہریں انسان کے اندرونی اعضا کی تصویریں بھی بنا دیتی ہیں۔ ایکو (Echo) یعنی آواز کی بازگشت کے ذریعہ دل کی حرکات کا صحیح اندازہ لگایا جا سکتا ہے۔ آواز کی طاقت ور لہریں مضبوط عمارتوں کی دیواروں میں دراڑیں ڈال سکتی ہیں۔ دھماکوں کی آوازوں سے کھڑکیوں کے شیشے ٹوٹنے کی خبریں اکثر اخباروں میں چھپتی رہتی ہیں۔ آج کل کچھ سائنس داں ایسی مشینیں ایجاد کرنے کی کوشش کر رہے ہیں جو آواز کی لہروں سے برتن صاف کر سکیں گی حتیٰ کہ کپڑے بھی دھو سکیں گی۔ مندرجہ ذیل نقشے سے آپ آوازوں سے نقصانات کا انداز لگا سکتے ہیں۔

آواز کا ذریعہ	آواز کی شدت	نتیجہ
۱۔ ایک میٹر سے بندوق یا ریوالور کا دھماکہ	۱۵۰ ڈیسیبل	وقتی طور پر سماعت کو کم کر دیتی ہیں
۲۔ اسٹیریو ہیڈ فون کی پوری آواز	۲۰۰۰ ڈیسیبل	تیس سکنڈ میں کان کو نقصان
۳۔ بہت تیز سائرن کی آواز	۱۳۰ ڈیسیبل	کانوں میں درد شروع ہو سکتا ہے
۴۔ ٹریفک کاروباری شور وغل	۹۰ ڈیسیبل	آٹھ گھنٹے میں ناقابل برداشت
۵۔ پاور موٹر یا موٹر سائیکل کی آواز	۱۰۰ ڈیسیبل	دو گھنٹے میں ناقابل برداشت

ہم زندگی میں ایسے لوگوں سے بھی ملتے ہیں جو مکمل بہرے ہوتے ہیں' آواز سننے کا آلہ بھی جن کی مدد نہیں کر پاتا اور ایسے اشخاص سے بھی ملتے ہیں جن کا بہرا پن قابل علاج تو نہیں لیکن آواز سننے کا آلہ اس کی کو بہت حد تک دور کر دیتا ہے۔ بہرا پن اور آوازوں کے متعلق بہت سے غلط اعتقادات یا افواہیں سننے میں آتی ہیں۔ ان افواہوں کی حقیقت مندرجہ ذیل ہے:

☆ کہا جاتا ہے کہ بہت تیز آوازیں اس وقت تک کسی قسم کا خطرہ پیدا نہیں کرتیں جب تک سننے والا کانوں میں درد نہ محسوس کرنے لگے۔

یہ خیال غلط ہے۔ ۸۵ ڈیسیبل کی آوازیں سماعت کی حس کو نقصان پہنچانا شروع کر دیتی ہیں جس کی آخری حد ۱۲۰ سے ۱۴۰ ڈیسیبل ہے' اتنی تیز آوازیں انسان کو بہرا کر سکتی ہیں۔

یہ خیال بھی غلط ہے۔ اگر تیز آوازیں سننے کے بعد کانوں میں سیٹی بجنے کی سی آواز محسوس ہونے لگے تو سمجھ لیجئے آپ بہرے پن کی حد میں داخل ہو گئے ہیں۔ فون پر آواز صاف نہ سنائی دینا یا کسی ریستوران کے شور میں سننے میں دقت محسوس کرنا بھی قوت سماعت کے مجروح ہونے کی نشانیاں ہیں۔

☆ کہا جاتا ہے کہ بہرا پن بڑھاپے کی وجہ سے ہوتا ہے۔

☆ کہا جاتا ہے کہ تیز آوازیں سننے کے بعد جو بہرا پن محسوس ہوتا ہے' وہ عارضی ہوتا ہے۔

یہ خیال بھی غلط ہے کیوں کہ دنیا میں بہت سے بوڑھے لوگ صاف طور پر

آوازیں سن سکتے ہیں۔ بہراپن ہونے کی اصل وجہ ہے کہ کان کے اندر کے پردے اور دوسرے عضلات کو نقصان پہنچ جائے۔

☆ بہراپن دواؤں سے یا سرجری سے دور ہو سکتا ہے یا نہیں۔

یہ غلط ہے۔ کچھ خاص کمزوریوں اور خرابیوں کا دواؤں سے علاج ممکن ہے۔ مکمل بہرے پن کا کوئی علاج نہیں۔ البتہ اب کچھ میڈیکل سائنس داں جراحی کے ذریعہ سماعت کے اندر کچھ عضلات کی پیوندکاری کر کے مکمل بہراپن دور کرنے کی کوشش کر رہے ہیں لیکن ابھی اس سرجری پر ایک لاکھ روپے کے لگ بھگ خرچ آتا ہے۔ اس کے باوجود قدرتی سماعت جیسی سماعت نہیں ہوتی۔

تیز آوازوں سے قوت سماعت کے علاوہ باقی جسم کو جو نقصان پہنچ سکتے ہیں، ان کا ذکر کیا جا چکا ہے۔

نیلا خون۔سفید خون

اگر کوئی شخص آپ سے یہ کہے کہ اس کی رگوں میں نیلا خون (Blue Blood) دوڑ رہا ہے تو آپ سوچیں گے کہ یہ شخص یا تو پاگل ہے یا مذاق کر رہا ہے۔ لیکن حقیقت میں ایسا نہیں ہے کیونکہ نیلے خون کی اصطلاح زمانۂ قدیم سے چلی آرہی ہے اس کا مطلب ہے اعلیٰ نسب اور نسل کا خون۔! اسی لیے بادشاہ اور اعلیٰ نسل کے لوگ کہتے تھے کہ ان کی رگوں میں نیلا خون ہے۔یعنی ان کا خون عام آدمیوں کے خون سے مختلف ہے اور اسی لیے آج بھی بہت سے لوگ اپنے بیٹوں اور بیٹیوں کی شادیاں کرتے ہوئے اعلیٰ نسل کے خون والے خاندانوں کی تلاش میں رہتے ہیں۔

سچ یہ ہے کہ جسم میں خون کی اہمیت کا اندازہ انسان کو اُس زمانے سے ہے جب وہ انسانی جسم، اس کے اعضا اور ان اعضا کے زندگی بخش اعمال سے بھی واقف نہیں تھا یا بہت کم جانتا تھا۔ قدیم زمانے کا مشہور حکیم ہپوکریٹس (Hippocrates) دماغی مریضوں کو انسانی خون پینے کا مشورہ دیتا تھا اس کا خیال تھا کہ جسمانی اور دماغی طور پر صحت مند آدمی کا خون بھی صحت مند روح کا حامل ہوتا ہے۔

تقریباً چار سو سال پہلے تک کچھ خاص طبقوں میں یہ یقین کیا جاتا تھا کہ ایک بزدل اور کنجوس شخص بھی سخی اور بہادر ہوسکتا ہے بشرطیکہ وہ ایسی خوبیاں رکھنے والے کسی شخص کا خون پی لے۔

سترھویں صدی میں فرانس کی ایک ملکہ میری دی میدی سی (Marie de'Medici) بہت ظالم اور سنگدل ملکہ مانی جاتی تھی لیکن وہ آنے والے بڑھاپے

سے بہت خوفزدہ رہتی تھی اس نے اپنے درباری حکیموں کو حکم دیا کہ وہ ایسی دوا بنائیں کہ وہ کبھی بوڑھی نہ ہو۔

ایک درباری حکیم نے اسے مشورہ دیا کہ وہ انسانی خون پینا شروع کردے کبھی بوڑھی نہیں ہوگی۔

پندرھویں صدی میں پوپ ''انوسینٹ ہشتم'' ایک بار سخت بیمار پڑا تو اس زمانے کے حکیموں نے اُس کے لیے ایک دوا بنائی جس میں انسانی خون شامل کیا گیا تھا۔

ان مثالوں سے صاف ظاہر ہے کہ قدیم زمانے کا انسان خون کی اہمیت کو بخوبی سمجھتا تھا اگرچہ اس کا استعمال غلط طریقوں سے کرتا تھا۔ اس زمانے کے طبی سائنسداں یعنی حکماء نے کبھی خون کا تجزیہ کرکے اس کی خصوصیات جاننے کی کوشش نہیں کی۔

آج کے ڈاکٹر خون کی اہمیت اور خصوصیات کو بخوبی سمجھتے ہیں اس لیے عام طور پر آپریشن کرتے ہوئے مریض کے جسم میں خون چڑھایا جاتا ہے کیونکہ جسم کے اندر اگر خون کی کمی ہوجائے تو اس سے موت واقع ہوجاتی ہے۔

1809ء میں نپولین کا ایک پسندیدہ جنرل مارشل لے نس (Marshal - Lannes) ایک لڑائی میں بُری طرح زخمی ہوگیا۔ توپ کے ایک گولے نے اس کی دونوں ٹانگیں چکنا چور کردی تھیں اور خون لے جانے والی وریدوں (بڑی رگوں) کو زخمی کردیا تھا جس کی وجہ سے مارشل کے جسم سے خون تیزی سے نکل رہا تھا۔ نپولین نے اپنے خاص طبیب ڈاکٹر لیری کو بلا کر کہا --'' ڈاکٹر کسی بھی طرح مارشل کو بچالو۔ تمہاری سائنس اور تمہارا تجربہ جو کچھ کرسکتا ہے کرو --'' لیکن ڈاکٹر لیری تجربہ کار ڈاکٹر تھا، مارشل کو ایک نظر دیکھتے ہی وہ سمجھ گیا کہ مارشل کے جسم سے اسقدر خون نکل چکا ہے کہ اب اسے کوئی طاقت نہیں بچا سکتی۔ اس وقت تک ''بلڈ ٹرانس فیوژن'' یعنی کسی انسان میں دوسرے انسان کا خون چڑھانے کا سلسلہ شروع نہیں ہوا تھا۔ چنانچہ ڈاکٹر لیری نے نپولین کو افسوس کے لہجہ میں جواب دیا:

''مجھے افسوس ہے اعلیٰ حضرت کہ اب مارشل کو کوئی نہیں بچا سکتا کیونکہ ان کے جسم سے بیحد خون نکل چکا ہے اور طبی سائنس ابھی اس معاملے میں لاچار ہے۔'' چند گھنٹے بعد ہی مارشل لے نس نے دم توڑ دیا۔

اسی طرح 1812ء میں روس میں ہونے والی ایک خانہ جنگی میں جنرل تری خوف زخمی ہوگیا۔ مارشل کٹوڈوف نے اس زمانے کے مشہور ڈاکٹر مالاخوف کو فوراً طلب کیا۔ ڈاکٹر مالاخوف جب تک پہنچا اس وقت تک جنرل کے جسم سے بہت خون بہہ چکا تھا اگرچہ وہ شدید طور پر زخمی نہیں ہوا تھا لیکن کسی تیز دھار کی چیز نے اس کے جسم کی ایک اہم رگ کاٹ دی تھی۔ خون تیزی سے نکل رہا تھا۔ جنرل کا چہرہ پیلا پڑ چکا تھا۔ نبض پر ہاتھ رکھتے ہی ڈاکٹر مالاخوف نے افسوس کے انداز میں سر ہلاتے ہوئے کہا:

''سوری مارشل! یہ اب نہیں بچ سکتے کیونکہ ان کے جسم سے بہت زیادہ خون نکل گیا ہے۔ میں رگ کو سی کر خون کا بہنا بند کر سکتا ہوں لیکن جو خون ان کے جسم سے نکل چکا ہے وہ واپس نہیں ڈال سکتا۔'' چند گھنٹے بعد ہی جنرل کا انتقال ہوگیا۔

خون کی کمی کی اس اہمیت کو ہی دیکھتے ہوئے میڈیکل سائنسدانوں نے ''بلڈ ٹرانس فیوژن'' کے بارے میں سوچنا شروع کیا اور تجربات کا سلسلہ شروع ہوگیا۔

1913ء میں پیٹرس برگ شہر کی ایک مشہور مغنیہ وائلٹ سیوا (Vyaltseva) خطرناک حد تک خون کی کمی کے باعث بستر مرگ پر پہنچ گئی۔ اس کے علاج کے لیے مقامی بہترین ڈاکٹروں کے علاوہ آسٹریا سے بھی ایک نامی ڈاکٹر کو بلایا گیا۔ تمام ڈاکٹروں نے مل کر فیصلہ کیا کہ ایکٹریس کے جسم میں خون چڑھانا بہت ضروری ہے۔ ایکٹریس کا شوہر اپنا خون دینے کو تیار ہوگیا۔ ڈاکٹروں نے مغنیہ کے جسم میں اس کے شوہر کا خون چڑھا دیا۔ مریضہ کی حالت میں فوراً سدھار آگیا۔ لیکن وہ دو ہفتہ بعد ہی مرگئی۔

اس کی موت کی پہلی وجہ تو یہ تھی کہ ایسے خطرناک انیمیا کے لیے محض خون چڑھانے سے صحت نہیں مل سکتی تھی، دوسری وجہ یہ تھی کہ ڈاکٹروں نے خون چڑھانے سے پہلے مریضہ اور اس کے شوہر کے خون کی جانچ نہیں کی تھی یعنی یہ نہیں دیکھا تھا کہ

شوہر کا خون مریضہ کے خون کے گروپ سے میل کھاتا ہے یا نہیں اس طرح کے تجربات کے بعد ڈاکٹروں نے خون پر مزید تجربات کر کے خون کی گروپ بندی کی - آج سب جانتے ہیں کہ خون چڑھانے سے پہلے اس کے گروپ کا جاننا ضروری ہے۔ مثلاً 'اے' گروپ کے خون والے مریض کو اگر 'بی' گروپ کا خون چڑھا دیا جائے تو وہ خطرناک ہوتا ہے۔ آج کل خون کے چار گروپ عام طور پر مانے جاتے ہیں۔ گروپ ''اے'' گروپ ''بی'' گروپ ''اے بی'' اور گروپ ''او'' اس کے علاوہ کچھ خون نیگیٹو گروپ میں آتے ہیں جو بہت کم لوگوں میں پائے جاتے ہیں۔

مختصر یہ کہ آج کل کسی مریض کے جسم میں دوسرے انسان کا خون چڑھانا عام ہوگیا ہے اور جیسا کہ لکھا جا چکا ہے آپریشن کے وقت تو مریض کو دوسرا خون چڑھانا تقریباً ضروری مانا جاتا ہے۔

میڈیکل تاریخ میں پہلا بلڈ ٹرانسفیوژن 1818ء میں کیا گیا تھا اور یہ ٹرانسفیوژن آندرے نلوٹڈل نام کے ایک ڈاکٹر نے کیا تھا۔ معدہ کے کینسر میں مبتلا ایک مریض کی حالت بہت خراب تھی چنانچہ ڈاکٹر آندرے نے اس کے جسم میں خون چڑھا کر اس کی جان بچانے کا فیصلہ کیا۔ اس سلسلہ میں اسپتال کے ہی ایک ملازم کو مریض پر رحم آ گیا اور وہ اپنا خون دینے کو تیار ہوگیا۔ اس زمانے میں کسی انسان سے دوسرے انسان کو براہ راست ہی خون چڑھایا جا سکتا تھا۔ ڈاکٹر آندرے نے مریض کو خون چڑھا دیا اور اس کی توقع کے مطابق نیا خون ملنے کے باعث مریض کی حالت بہتر ہوگئی۔ شاید اس مریض کی خوش قسمتی یہ تھی کہ دونوں کے خون کا گروپ مل گیا تھا۔

اس کے بعد 1832ء میں پیٹرس برگ کے ہی ایک ڈاکٹر وولف نے ایک عورت کو اس وقت خون چڑھایا جب وہ بچہ کو جنم دے رہی تھی۔ اسی دہے میں اس نے چار اور زچہ عورتوں کو خون چڑھایا اور پھر اپنے تجربات پر ایک مقالہ لکھ کر طبی رسالے میں شائع کرایا۔

1869ء تک 57 آدمیوں کو خون چڑھایا گیا جن میں سے 16 مریض مر گئے۔ 1873ء کے سروے کے مطابق 200 آدمیوں کو خون چڑھایا گیا جن میں

سے کل 76 مریض مر گئے کیونکہ اس وقت تک ڈاکٹروں کو خون کی گروپ بندی کا خیال نہیں آیا تھا۔

لیکن سب سے دلچسپ اور اہم بلڈ ٹرانسفیوژن اس صدی کے تیسرے دہے کے آخر میں یعنی 1930ء میں ماسکو میں ہوا۔

ایک شخص اپنی بندوق صاف کر رہا تھا اس میں گولی بھری تھی، غلطی سے اس کا گھوڑا دب گیا اور گولی اس شخص کے پیٹ میں لگی۔ زخمی کو فوراً اسپتال لایا گیا۔ خون بُری طرح بہہ رہا تھا ڈاکٹر نے بلڈ ٹرانسفیوژن کا فیصلہ کیا۔ زخمی کے خون کی جانچ کی گئی اور ایک خون دینے والے کو بلایا گیا۔ (اس وقت تک بلڈ بنک بننا شروع نہیں ہوئے تھے) معطی یعنی خون دینے والا شخص دور رہتا تھا اس کے آنے میں دیر ہوتی گئی اِدھر زخمی کی حالت بگڑنے لگی اور عالم یہ ہوگیا کہ اور آدھا گھنٹہ خون نہ ملتا تو اس کی موت یقینی تھی۔ خون دینے والا کب تک آسکے گا، یہ بات بھی یقینی نہیں تھی۔ اسی وقت اسپتال میں ایک اور زخمی شخص کو لایا گیا۔ جو سڑک کے کسی حادثے میں زخمی ہوگیا تھا۔ ڈاکٹر اس کی جان بچانے کی کوشش کرنے لگے لیکن کامیاب نہ ہوسکے زخمی نے کچھ دیر بعد ہی دم توڑ دیا۔ اس کے مرتے ہی ڈاکٹر کے ذہن میں ایک نیا خیال آیا۔ اس نے سوچا یہ شخص مر چکا ہے۔ لیکن کیا اس کا خون کام آسکتا ہے؟ بندوق والے زخمی کی حالت اس قدر خراب ہو چکی تھی کہ اب اور انتظار نہیں کیا جا سکتا تھا۔ چنانچہ ڈاکٹر نے اس مردہ شخص کے جسم کا خون دوسرے زخمی کے جسم میں چڑھانے کا بندوبست کر لیا۔

تجربہ شروع ہوا اور کامیاب رہا۔ اس مردہ شخص کے خون نے دوسرے زخمی کی جان بچالی۔ یہیں سے بلڈ ٹرانسفیوژن میں نئے تجربات کا سلسلہ شروع ہوا۔

اسی سال یوکرائن میں بلڈ ٹرانسفیوژن پر ڈاکٹروں کی ایک کانفرنس ہوئی جس میں ڈاکٹروں نے مردہ آدمی کا خون استعمال کرنے کی بات کی۔ اس کانفرنس میں پروفیسر شاموف نام کے ایک سائنسداں نے بتایا کہ وہ مردہ جسموں کا خون چڑھانے کا تجربہ تین سال سے کر رہے ہیں۔ پہلا تجربہ انھوں نے کتوں پر کیا تھا۔ پہلے انھوں نے ایک کتے کو دس گھنٹے پہلے مار دیا۔ پھر ایک دوسرے کتے کی بڑی رگ کاٹ دی جس سے

اس کا خون تیزی سے بہنے لگا اور جب خون نکل جانے کے باعث وہ موت کے قریب پہنچ گیا تو مردہ کتے کا خون اس کتے کے جسم میں چڑھانا شروع کر دیا۔ کچھ دیر بعد دوسرا کتا موت کے جبڑے سے باہر نکل آیا۔

ان تجربات کے بعد سائنسدانوں کے ذہنوں میں یہ سوال اٹھا کہ موت کے بعد جب مردہ جسم سڑنے گلنے لگتا ہے تو کیا خون پر اس کا اثر نہیں ہوتا؟ اگر ایسا ہوتا ہے تو مردہ جسموں کا خون زندہ جسموں میں کیسے کام کرتا ہے؟

لیکن تجربات سے ثابت ہوا کہ مردہ جسم سے نکالے گئے خون کے سرخ سیل (خلیے) آکسیجن لے جانے کا کام اسی طرح کرتے ہیں جس طرح زندہ انسانوں کے سیل کرتے ہیں اور اسی طرح خون کے سفید سیل بھی اسی مستعدی سے وہ کام انجام دیتے ہیں جو زندہ انسانوں کے سفید سیل کرتے ہیں بلکہ مردہ جسم کے خون کا ''پلازما'' بھی بالکل صحیح حالت میں رہتا ہے۔ اس کے علاوہ کسی زندہ انسان کا خون لینے میں اور مُردہ جسم سے خون نکالنے میں ایک اہم فرق یہ بھی ہے کہ کسی زندہ انسان کے جسم سے ایک وقت میں پانچ سو ملی لیٹر خون بھی نکالنا خطرے سے خالی نہیں جبکہ کسی لاش سے تین لیٹر تک خون نکالا جا سکتا ہے اور کام میں لایا جا سکتا ہے۔

چنانچہ 1940ء کی عالمگیر جنگ میں زخمی سپاہیوں کو مُردہ سپاہیوں کا خون چڑھا کر بے شمار زندگیاں بچائی گئیں۔ مُردہ جسموں سے لیے گئے خون میں ایک اور خوبی بھی پائی گئی۔ اس خون کو تین ہفتہ تک کارآمد رکھنے کے لیے کسی آلے یا کسی کیمیکل کی ضرورت نہیں تھی۔ یہ تین ہفتے تک بالکل اصلی حالت میں رہ جاتا تھا۔ حالانکہ موت کے تین چار گھنٹے بعد خون جمنے لگتا ہے لیکن کچھ عرصہ بعد ہی جما ہوا خون پھر رقیق بننے لگتا ہے اور اپنی اصلی حالت اختیار کر لیتا ہے۔

ایک اندازے کے مطابق 1940ء سے پہلے تک ڈھائی ہزار انسانوں کو مردہ جسموں کا خون چڑھایا جا چکا تھا۔

ہر انسان کے جسم میں خون 23 سکنڈ میں سارے جسم کی گردش پوری کر لیتا ہے اور چوبیس گھنٹے میں تقریباً تین ہزار بار سارے جسم کی گردش کرتا ہے۔

خون بظاہر دیکھنے میں سرخ نظر آتا ہے لیکن اگر اس کو شیشے کی ایک شفاف نلی میں کچھ دیر کے لیے رکھ دیا جائے تو اوپر کے حصّہ میں خون کا رنگ ہلکا نظر آنے لگتا ہے اور نچلے حصّہ میں گہرا اور گاڑھا دکھائی دینے لگتا ہے۔ اس کی وجہ یہ ہے کہ خون کے ذرّات نیچے تہہ میں بیٹھنے لگتے ہیں۔ اور رقیق شے کی جو تہہ ہوتی ہے وہ ''پلازما'' کہلاتی ہے جو ہلکے پیلے رنگ کا ہوتا ہے۔ خون جمنے پر اس پلازما سے فائبرونوجن و دیگر کچھ اجزاء الگ ہو جاتے ہیں۔ ان کے بغیر پلازما ''سیرم'' کہلاتا ہے۔ سچ ہے کہ خون کے طاقت دینے والا زیادہ اجزاء اسی پلازما یا سیرم میں ہوتے ہیں۔ سیرم خون کا اسقدر اہم حصّہ ہوتا ہے کہ اس کی دریافت کے بعد ہی بلڈ ٹرانسفیوژن کی بہت سی مشکلات پر قابو پایا گیا۔

یکایک اگر جسم سے زیادہ خون نکل جائے تو مریض کا بلڈ پریشر گرتا چلا جاتا ہے اور جسم کے ٹشوز اور خلیے مناسب مقدار میں آکسیجن نہ ملنے کی وجہ سے ختم ہونے لگتے ہیں دوسرے قوت دینے والے اجزاء بھی جسم کو نہیں مل پاتے اس لیے مریض دھیرے دھیرے موت کی گود میں پہنچ جاتا ہے۔ یہی خون ہے جس کے بارے میں بڑے لوگ کہتے ہیں کہ ہمارے جسم میں ''بلو بلڈ'' دوڑ رہا ہے یا کسی بے مروّت شخص کے بارے میں کہا جانے لگا ہے کہ ''اس کا تو خون سفید ہو گیا ہے۔'' ان اصطلاحات کا خون کے اصل رنگ یا خصوصیت سے کیا تعلق ہے۔ یہ ایک سوال کو جنم دیتا ہے۔ جس کا جواب شاید کبھی نہیں مل سکے گا۔

سائنس کی دین

خدا نے انسان کو شعور اسی لیے دیا ہے کہ وہ عقل سے کام لے کر فطرت کے رموز سمجھ سکے۔ اسی کوشش کو سائنس کہا جاتا ہے جس کے ذریعہ آج انسان فطرت کے ایسے ایسے رازوں کا انکشاف کر چکا ہے کہ آج سے دس ہزار سال پہلے کا انسان جن کے بارے میں سوچ بھی نہیں سکتا تھا۔ میڈیکل سائنس، خلائی سائنس برقی قوت چند ایسی چیزیں ہیں جنھوں نے انسان کی زندگی کو ہزار درجہ بہتر بنادیا ہے۔

سائنس نے ہی آج کے انسان کو یہ بتایا کہ نباتات یعنی پیڑ پودوں میں بھی جان ہوتی ہے وہ بھی دکھ اور سکھ محسوس کرتے ہیں جس کا ثبوت یہ ہے کہ اگر کھیتوں پر مسلسل موسیقی کی تانیں گونجتی رہیں تو پودے زیادہ جلدی بڑھنے لگتے ہیں۔ اس کا مطلب ہے پیڑ پودے اس موسیقی سے خوش ہوتے ہیں یا کم از کم موسیقی کی لہریں ان کے اندر نشو ونما کی قوت بڑھا دیتی ہیں۔ اس سلسلے میں سائنسداں مسلسل تجربات کر رہے ہیں ممکن ہے مستقبل میں وہ کوئی ایسا طریقہ دریافت کرلیں کہ پودوں کی خوشی اور ناراضگی کو بھی سمجھ سکیں۔ اس کے ساتھ ہی کچھ سائنسداں آج کل جانوروں کی آوازوں کو سمجھنے اور ان سے بات چیت کرنے کا طریقہ تلاش کر رہے ہیں۔ آپ نے شاید سنایا پڑھا ہو کہ ڈولفن نام کی ایک مچھلی انسانوں کی بات سمجھ کر ان کی دوست بن جاتی ہے۔ ڈولفن گاتی ہے۔ گیند کھیلتی ہے۔ ننھے بچوں کو اپنی پیٹھ پر بٹھا کر پانی میں تیرانے بھی لے جاتی ہے اور بچے کو ڈوبنے نہیں دیتی۔ حال ہی میں سائنسدانوں نے بلبل جیسی خوشنما آواز والی ایک چھوٹی سی چڑیا کے گھونسلے کے قریب بہت حساس مائکروفون فٹ کر دیئے اور وہ

ان چڑیوں کی آواز ریکارڈ کرنے لگے۔ کچھ عرصہ بعد انھوں نے ان آوازوں کی ایڈیٹنگ کی۔ یعنی طرح طرح کی آوازوں کو الگ الگ گروپ بنادیئے۔ اسکے بعد انھوں نے ان چڑیوں کے گھونسلوں کے پاس جاکر ٹیپ ریکارڈ کے ذریعہ وہ آوازیں پیدا کیں۔ ان کی خوشی کا ٹھکانہ نہ رہا جب انھوں نے دیکھا کہ بہت سی چڑیاں اس مقام پر جمع ہوکر اس چڑیا کو تلاش کرنے لگیں جس کی وہ آواز سن رہی تھیں تبھی انھوں نے ٹیپ ریکارڈ کی آواز سے سمجھ لیا تھا کہ کوئی ان کی ساتھی بلارہی ہے۔

پھر سائنسدانوں نے انہی آوازوں میں سے دوسری آوازیں لاؤڈ اسپیکر پر بجائیں تو تمام چڑیاں اڑکر دور چلی گئیں اور غل مچانے لگیں۔ اس سے سائنسدانوں نے اندازہ لگایا کہ پہلی قسم کی آوازیں ہم جولی چڑیوں کو بلانے کے لیے تھیں اور دوسری قسم کی آوازیں کسی خطرے کا سگنل تھیں جنھیں سن کر سب چڑیاں خطرے سے ہوشیار ہوگئیں۔ اسی طرح کے تجربات سے سائنسدانوں کو یقین ہوگیا کہ جانور بھی مختلف قسم کی آوازیں نکال کر آپس میں بات چیت کرتے ہیں یا کم از کم اپنا مفہوم اپنے ہم نسل جانوروں تک پہنچادیتے ہیں۔

آپ نے یہ بھی سنا ہوگا کہ کتا الٹراسونک آوازیں سن سکتا ہے۔ الٹراسونک وہ آوازیں کہلاتی ہیں جو انسانی کان نہیں سن سکتے۔ سائنسدانوں کو تجربات سے اب پتہ چلا ہے کہ بہت سے جانور الٹرا ساؤنڈ آوازوں کے ذریعہ آپس میں باتیں کرتے ہیں۔ یہ دریافت اتفاقیہ طور پر ہوئی۔ ایک بار کچھ سائنسداں بہت حساس آلوں سے فضا میں آواز کی لہروں کی تھرتھراہٹ ریکارڈ کرنے کی کوشش کررہے تھے کہ ہاتھیوں کا ایک جھنڈ ایک طرف سے بھاگتا ہوا آیا۔ پھر یکایک وہ جھنڈ ایک دم اس طرح رُک گیا جیسے کسی کمانڈر نے مارچ کرتی فوج کو رک جانے کا آرڈر دے دیا ہو۔ اس وقت سائنسدانوں نے الٹرا ساؤنڈ لہریں محسوس کرنے والے آلے کی سوئیوں میں عجیب طرح کی تھرتھراہٹ محسوس کی۔ پھر اس تھرتھراہٹ میں ایک دم تبدیلی ہوئی اور تمام ہاتھی گھوم کر ایک دوسری سمت چل دیئے۔ اس بات سے سائنسدانوں نے سمجھ لیا کہ ہاتھی الٹرا ساؤنڈ آوازوں سے آپس میں باتیں کرتے ہیں اور سب سے آگے چلنے والا ہاتھی باقی ساتھیوں کو کمانڈر کی طرح احکامات دیتا رہتا ہے۔ سائنسدانوں نے

ان آوازوں کو سمجھنے کی کوشش شروع کردی اور ہاتھیوں کے جھنڈوں کا پیچھا کرکے ان کی خاموش آوازوں کی لہروں کو حساس آلوں پر ریکارڈ کرنے لگے۔ الٹراسونک آوازوں کی لہریں اتنی چھوٹی یا بڑی ہوتی ہیں کہ انسانی کان محسوس نہیں کرسکتے۔ لیکن حساس آلوں نے ان لہروں کو ریکارڈ کرلیا تھا۔ ٹیپ ریکارڈر پر ریکارڈ ہونے پر بھی یہ آوازیں انسانی کان نہیں سن سکتے تھے۔ چنانچہ سائنسدانوں نے سوچا کہ ٹیپ ریکارڈ کو اگر تیزی سے چلایا جائے تو شاید یہ آوازیں سنی جاسکیں۔ اس نظریہ پر عمل کرتے ہوئے انھوں نے ٹیپ ریکارڈ کو تیز چلایا تو واقعی اسپیکر پر بہت مدھم آوازیں اس طرح سنائی دینے لگیں جیسے کوئی جانور رک رک کر ''ہوں ہوں'' کررہا ہو۔ ان آوازوں میں ایک خاص وقفہ تھا اور آوازیں لمبی اور چھوٹی بھی تھیں۔ یعنی یہ ایک طرح کی زبان تھی جو ہاتھی آپس میں بات چیت کرنے کے لیے استعمال کرتے تھے۔

اس بات کو بہتر طور پر سمجھنے کے لیے سائنسدانوں نے ہاتھیوں کے ایک بھاگتے ہوئے جھنڈ کو دیکھ کر اپنے ٹیپ ریکارڈ سے وہ لہریں نشر کیں۔ اور یہ دیکھ کر ان کی خوشی کی انتہا نہ رہی کہ وہ لہریں محسوس کرتے ہی ہاتھیوں کا جھنڈ ایک دم رک کر حیرت سے ادھر ادھر دیکھنے لگا۔ سائنسدانوں نے اس کے بعد دوسری قسم کی لہریں نشر کیں۔ ان لہروں کے پھیلتے ہی ہاتھی یکایک گھومے اور دوسری طرف کو دوڑنے لگے۔ اس تجربہ سے یہ بات یقینی ہوگئی کہ ہاتھی الٹراسونک آوازوں کے ذریعہ ایک دوسرے سے بات چیت کرتے ہیں یا ہدایات دیتے ہیں۔ اس کامیابی نے سائنسدانوں کے حوصلے بڑھادیئے ہیں اور انھیں یقین ہوگیا ہے کہ مستقبل میں وہ مختلف جانوروں کی بولیوں کو سمجھ کر ان سے بات چیت کرنے کے قابل ہوجائیں گے۔

گزشتہ صدی کی چھٹی دہائی میں وہ حیرت انگیز واقعہ پیش آگیا جس کے بارے میں انسان کبھی سوچ بھی نہیں سکتا تھا۔ یعنی ساؤتھ افریقہ کے ایک ڈاکٹر برنارڈ نے پہلی بار ایک انسان کے جسم میں دوسرے آدمی کا دل لگا کر ثابت کردیا کہ انسان کے جسم کے اہم سے اہم عضو کو بھی بدلا جاسکتا ہے۔ وہ پہلا مریض اس کائنات کا پہلا آدمی تھا جس نے اپنی آنکھوں سے اپنے دل کو ایک شیشے کے مرتبان میں رکھے دیکھا تھا۔ اس

تجربہ کے بعد اب انسانی جسموں میں اہم اعضا کی پیوند کاری کا سلسلہ عام ہو گیا ہے۔ آنکھوں نیز گردوں وغیرہ کی پیوند کاری تو اب عام ہو چکی ہے بلکہ گردوں کی پیوند کاری میں مالی فائدہ اٹھانے کے لیے جرائم پیشہ لوگوں نے جرائم شروع کر دیئے ہیں۔ وہ انجان لوگوں کو دھوکہ دے کر ان کی بے خبری میں ان کے گردے بیچنے کا کاروبار کرنے لگے ہیں۔ گزشتہ صدی کے نویں دہے میں دو اور بہت اہم تجربات ہوئے ہیں ایک تو یہ کہ جگر جیسے عضو کی پیوند کاری پر کام شروع ہو گیا ہے۔ جگر انسانی جسم کا بہت اہم عضو ہے، پہلے خیال کیا جاتا تھا کہ جگر کی پیوند کاری نہیں ہو سکتی لیکن سائنسدانوں نے جگر کی کامیاب پیوند کاری کر کے اس خیال کی تردید کر دی ہے۔ اگر چہ جگر کی پیوند کاری کا پہلا مریض صرف تین دن زندہ رہا لیکن اس کی موت پیوند کاری کی ناکامی کی وجہ سے نہیں ہوئی بلکہ دماغ میں ایک ٹیومر کی وجہ سے ہوئی۔ اس کامیابی کے بعد یقین کیا جا سکتا ہے کہ بہت جلد دل اور گردوں کی طرح جگر کی پیوند کاری بھی عام ہو جائے گی۔ لیکن حال ہی میں ایک سائنسداں نے ایک عجیب وغریب تجربہ کر کے ساری دنیا کو حیرت میں ڈال دیا ہے۔ اس ڈاکٹر نے ایک مرتے ہوئے مریض کے سینے میں کسی انسان کے دل کی بجائے سور کا دل لگا کر اس کو کئی گھنٹوں تک زندہ رکھا۔ یعنی اس نے ثابت کر دیا کہ انسانی جسم میں جانوروں کے اعضاء بھی لگائے جا سکتے ہیں۔ اس کے بیان کے مطابق سور کا دل انسان کے دل سے بہت مشابہ ہوتا ہے اسی لیے وہ کئی گھنٹے اس انسان کو سور کے دل کے ذریعہ زندہ رکھنے میں کامیاب رہا۔ اسی ڈاکٹر کا خیال ہے کہ یہ پہلا تجربہ تھا مزید تجربات کے بعد وہ اس قابل ہو جائیں گے کہ کسی مرتے ہوئے انسان کے سینے میں سور کا دل لگا کر اس کو دس پانچ سال زندہ رکھ سکیں۔ اس تجربہ کی کامیابی کے بارے میں مرض دل کی ایک نوجوان مریضہ نے کہا کہ وہ زندگی کے چند سال بھی حاصل کرنے کے لیے اپنے سینے میں سور کا دل لگوانے کو تیار ہے۔

سائنسداں رات دن انسانی بہبودی کے کاموں میں جٹے رہتے ہیں۔ نزلہ زکام ایک عام بیماری ہے جب زکام اپنے شباب پر ہوتا ہے تو کوئی خطرہ نہ ہونے کے باوجود انسان سخت تکلیف میں رہتا ہے اور دلچسپ بات یہ ہے کہ اس معمولی سے مرض کا

آج تک کوئی علاج نہیں مل سکا۔ لیکن اب سائنسدانوں نے ایک ایسی دوا بنالی ہے جسے سونگھنے سے بند ناک چند گھنٹوں میں کھل جاتی ہے ساتھ ہی سانس لینے کی دشواریاں بھی ختم ہو جاتی ہیں یعنی وہ تکلیف جو کم از کم ایک ہفتہ پریشان رکھتی اس دوا کے سونگھنے سے چند گھنٹوں میں اتنی کم ہو جاتی ہے کہ انسان خود کو نارمل محسوس کرنے لگتا ہے۔ کسی شاعر کا ایک مصرعہ ہے کہ

''آنکھ والا تری قدرت کا تماشہ دیکھے''

سائنسداں آنکھ کا ''کورنیا'' بدل کر بہت سے اندھوں کو بینائی دے دیتے ہیں۔ آنکھ کے پیچھے کے پردے یعنی رے ٹینا میں بنے سوراخوں کو جوڑ کر بینائی ٹھیک کر دیتے ہیں لیکن مستقل اندھی آنکھ کو بینائی نہیں دے سکتے۔ لیکن اب کچھ سائنسدانوں نے اس سلسلہ میں بھی ایک کامیاب تجربہ کر کے ثابت کر دیا ہے کہ سائنس سب کچھ کرسکتی ہے۔ ان سائنسدانوں نے ایک ایسے شخص کی آنکھ پر تجربہ کیا جو دس سال سے بالکل اندھا ہو چکا تھا کیونکہ اس کی آنکھوں کا دیکھنے والا پردہ یعنی رے ٹینا بیکار ہو چکا تھا۔ سائنسدانوں نے کمپیوٹروں میں کام آنے والا جیسا ایک چپ (Chip) اس مریض کی آنکھ میں رے ٹینا کی جگہ لگا دیا۔ پھر ایک ایسی عینک بنائی جو چپ کو سگنل بھیجتی ہے اور چپ روشنی کے سگنلوں میں تبدیل کر کے دماغ کے ان نیورونز تک پہنچا دیتے ہیں جو دیکھ سکتے ہیں۔ یا دیکھنے کا عمل کرتے ہیں۔ رے ٹینا بھی دراصل یہی کام کرتا ہے جب آنکھ میں روشنی داخل ہوتی ہے تو سامنے والی چیز کا عکس رے ٹینا پر پڑتا ہے۔ اور رے ٹینا اس عکس کو برقی سگنلوں میں تبدیل کر کے اعصاب کے ذریعہ دماغ کے بینائی کے مرکز تک پہنچا دیتا ہے۔ جس سے ہم اس چیز کو دیکھ پاتے ہیں۔ سائنسدانوں نے وہی کام چپ سے لیا۔ لیکن عکس کو چپ تک بھیجنے کے لیے ان کو عینک میں ایک مائیکرو کیمرہ لگانا پڑا۔ اس تجربہ کے بعد مریض نے خوش ہو کر بتایا کہ وہ دس سال بعد چیزوں کے عکس دیکھنے کے قابل ہو گیا ہے۔

اس پہلے تجربہ کی نصف کامیابی سے سائنسداں بہت خوش ہیں اور پُر یقین ہیں کہ وہ مستقبل قریب میں بالکل نابینا لوگوں کی آنکھوں کو بھی بینائی دے سکیں گے۔

غیر معمولی قوّتیں

دماغ انسان کے جسم کا سب سے زیادہ نازک حصہ ہوتا ہے لیکن اس حصے میں کتنی زبردست قوتیں چھپی ہوئی ہیں یہ آج تک کوئی نہیں جان سکا۔

پرانے زمانے میں جس قوت کو سدھی کی شکتی یا ''روشن ضمیری'' کی قوت کہا جاتا تھا آج کے سائنس داں اسے انسان کے دماغ کی غیر معمولی قوت یا حِس کہتے ہیں۔ جدید نقطۂ نظر کے مطابق دماغ میں سوچنے سمجھنے کی قوت گزری ہوئی باتیں اور چیزیں یاد رکھنے کی قوت اور پانچوں حسّوں کی قوتوں کے علاوہ بھی کچھ ایسی قوتیں ہوتی ہیں جن کے بارے میں بہت کم لوگ جانتے ہیں کیونکہ یہ قوتیں بہت عجیب ہوتی ہیں اور کچھ خاص خاص لوگوں میں ہی پائی جاتی ہیں۔ سائنس نے ان قوتوں کو ایکسٹرا سینسری پرسپشن یا ای۔ ایس۔ پی (.E.S.P) کا نام دیا ہے۔ ای ایس پی قوتوں کو چار قسموں یا خانوں میں بانٹا جاسکتا ہے۔

ٹیلی پیتھی (Tele Pathy)

ٹیلی پیتھی اس قوت کو کہا جاتا ہے جس کے ذریعہ ایک انسان دوسرے انسان کے دماغ میں پیدا ہونے والے خیالات کو پڑھ سکتا ہے۔ وہ اپنی اس قوت کے ذریعہ معلوم کرسکتا ہے کہ دوسرا انسان کیا سوچ رہا ہے، کس کے بارے میں سوچ رہا ہے۔

ٹیلی پرسپشن (Tele Perceptjon)

اس قوت کے ذریعہ آدمی چھپی ہوئی چیزوں کو محسوس کرسکتا ہے۔ مثلاً کسی کی

جیب میں کیا رکھا ہے۔ دیوار کے پیچھے کون ہے یا کیا چیز رکھی ہے۔ اس قوت سے یہ ساری باتیں معلوم کی جا سکتی ہیں۔

ٹیلی کائنٹک (Tele Kinetic)

اس قوت سے آدمی دماغ کی لہروں سے نظروں کے ذریعہ کسی بھی چیز کو اٹھا کر ایک جگہ سے دوسری جگہ رکھ سکتا ہے۔ مثلاً وہ نظروں سے ایک میز پر رکھا ہوا گلاس اٹھا کر دوسری میز پر رکھ سکتا ہے۔ قوت اگر زیادہ ہے تو وہ نظروں سے چمچوں کو موڑ سکتا ہے۔ یا مارنے والے کا ہاتھ روک سکتا ہے۔ بلکہ کہا جاتا ہے کہ طاقتور ٹیلی کائنٹک لہریں مارنے والے کے ہاتھ کو جھٹکا دے کر توڑ سکتی ہے۔

ٹیلی پورٹیشن (Tele Portation)

اس قوت کے ذریعہ آدمی اپنے جسم کو ایک جگہ سے دوسری جگہ ہاتھ پاؤں کو حرکت میں لائے بغیر پہنچا سکتا ہے۔ مثلاً اس نے سوچا کہ وہ دہلی سے بنارس جانا چاہتا ہے اور وہ پلک جھپکتے ہی پہنچ گیا۔ کہتے ہیں پہلے زمانے کے پہنچے ہوئے فقیروں اور سادھوؤں مہاتماؤں میں یہ قوت ہوتی تھی۔

کیا آج بھی ایسی قوتیں انسانوں کے دماغوں میں ملتی ہیں؟ یہ سوال سائنسدانوں کو ایک لمبی مدت سے پریشان کر رہا ہے اور آج کل لگ بھگ سبھی ترقی یافتہ ملکوں میں ان قوتوں کے بارے میں تحقیق اور تجربات جاری ہیں۔ سائنسداں لیباریٹریز میں تجربات کر رہے ہیں۔ ایسے انسانوں کو تلاش کیا جا رہا ہے جن میں سے کسی کے دماغ میں ایسی کوئی قوت ہو۔ اس سلسلے میں سب سے زیادہ اہم کام امریکہ کی ڈیوک یونیورسٹی کے سائیکولوجی کے پروفیسر جے۔ بی رہائن نے کیا ہے۔ ان عجیب وغریب قوتوں کو کیسے پہچانا جائے اور کیسے یقین کیا جائے کہ کسی آدمی میں ان میں سے کوئی قوت ہے یا نہیں اس کے لیے ڈاکٹر رہائن نے ایک خاص قسم کا تاش تیار کیا ہے۔ تاش کی اس گڈی میں کُل 25 پتے ہوتے ہیں۔ اور وہ پتے پانچ پانچ پتوں کا سیٹ ہوتے ہیں۔ ہر پانچ پتوں پر ایک ہی نشان بنا ہوتا ہے۔ یعنی پوری گڈی میں پانچ نشانوں کے پتے ہوتے ہیں۔ یہ نشان اس طرح ہوتے ہیں:

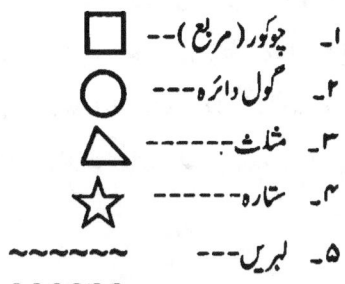

۱۔ چوکور (مربع) -- □

۲۔ گول دائرہ --- ○

۳۔ مثلث ------ △

۴۔ ستارہ ------ ☆

۵۔ لہریں --- ~~~~~~
~~~~~~

اب اگر کسی آدمی کے دماغ میں چھپی کسی قوت کے بارے میں جاننا ہوتا ہے تو ان پتوں سے اس طرح جانچ کی جاتی ہے:

ٹیلی پیتھی

ٹیلی پیتھی کی قوت کو جاننے کے لیے جانچ کرنے والا آدمی کسی چیز کی آڑ میں بیٹھ جاتا ہے اور تاش کی گڈی الٹی کر کے اپنے سامنے رکھ لیتا ہے۔ جس شخص کے دماغ کی جانچ کی جارہی ہے وہ جانچ کرنے والے سے دور ایسی جگہ بیٹھا ہوتا ہے کہ وہ اسے دیکھ نہیں سکتا۔

اب جانچ کرنے والا تاش کی گڈی سے ایک پتہ نکال کر پوچھتا ہے کہ اس کے ہاتھ میں کس نشان کا پتہ ہے۔ دوسرا شخص دماغ کی لہروں کے ذریعے جانچنے والے کے خیالات پڑھ کر بتاتا ہے کہ اس کے ہاتھ میں کس نشان کا پتہ ہے۔ اس طرح جانچ کرنے والا پورے پچیس کارڈ اٹھا کر پوچھتا جاتا ہے اور امتحان دینے والا شخص جواب دیتا جاتا ہے۔

اب اگر امتحان دینے والا شخص صرف پانچ جواب صحیح دیتا ہے تو اس کو نارمل یا اوسط مان لیا جاتا ہے کیونکہ اگر وہ ہر بار جواب میں ایک ہی نشان بتاتا جاتا تو بھی اس کے پانچ جواب تو ٹھیک ہو ہی جاتے۔ لیکن اگر اس کا جواب چھ یا سات یا دس یا پندرہ ہوتا ہے تو یہ سمجھا جاسکتا ہے کہ شاید اس میں ٹیلی پیتھی کی قوت ہے لیکن ایکبار کی جانچ سے یقین سے نہیں کہا جاسکتا کہ اس میں یہ قوت ہے ہی یہ صرف اتفاق بھی ہوسکتا ہے کہ اس کے دس یا پندرہ جواب ٹھیک ہو گئے ہوں۔
~~~~~~

اس شک کو دور کرنے کا طریقہ یہ ہے کہ اس شخص کا اس طرح کا امتحان کم از کم سو بار یا ہزار بار کیا جائے اور ان سب کو ملا کر ایک اوسط نکال لیا جائے۔ اگر ہزار بار جانچ کرنے کے بعد اس کے ٹھیک جوابوں کا اوسط نارمل سے زیادہ یعنی چھ۔ سات۔ آٹھ۔ دس۔ پندرہ یا بیس نکلتا ہے تو پھر یقین سے کہا جا سکتا ہے کہ اس کے دماغ میں ٹیلی پیتھی کی قوت عام انسانوں سے زیادہ ہے۔

ٹیلی پرسیپشن

اس قوت کی جانچ کے لیے اس آدمی کے سامنے رہائن تاش کی گڈی الٹی کر کے پھیلا دی جاتی ہے۔ پھر اس سے کہا جاتا ہے کہ کسی ایک کارڈ کو دیکھ کر بتائے کہ کس نشان کا کارڈ ہے۔ وہ آدمی اپنے دماغی قوت سے کام لے کر اس کارڈ کا نشان جاننے کی کوشش کرتا ہے اور جانچ کرنے والے کو بتاتا ہے۔ جانچ کرنے والا ایک کاغذ پر لکھتا جاتا ہے کہ جواب غلط دیا ہے یا ٹھیک ہے۔ اسی طرح اس سے پچیس پتوں کے نشان پوچھے جاتے ہیں۔

اس قوت کو پہچاننے کا اصول بھی وہی ہے جو ٹیلی پیتھی والے معاملہ میں برتا گیا تھا۔ یعنی کم از کم ایک ہزار بار کی جانچ کے بعد اگر اوسط پانچ سے زیادہ آتا ہے تو مان لیا جاتا ہے کہ اس کے دماغ میں وہ قوت موجود ہے۔ قوت کتنی ہے اس کا پتہ اوسط جواب سے چلتا ہے۔ اگر چھ پتے ٹھیک بتانے کا اوسط نکلتا ہے تو قوت تو ہے مگر کمزور مانی جاتی ہے اگر اوسط دس نکلتا ہے تو قوت کافی زیادہ ہے اور اگر اوسط پندرہ یا بیس ہے تو کہا جا سکتا ہے کہ وہ حِس بہت طاقتور ہے۔

ٹیلی کائنٹک

ٹیلی کائنٹک قوت جانچنے کا طریقہ بڑا دلچسپ ہوتا ہے۔ اس کی جانچ تاش سے نہیں کی جا سکتی بلکہ اس قوت کی جانچ کرنے کے لیے کسی شخص کو ایک ایسے کمرے میں بٹھایا جاتا ہے جس میں ہوا کا گزر نہ ہو بلکہ کوئی آواز بھی نہ ہو۔ اس کے بعد بہت ہلکے کاغذ کی ایک چھوٹی سی چھتری بنائی جاتی ہے اور ایک آل پن میز میں گاڑ کر وہ چھری آل پن کی نوک پر رکھ دی جاتی ہے۔ اس کے بعد اس شخص سے کہا جاتا ہے کہ وہ اس

چھتری پر نظریں جما کر دماغ کی قوت سے کام لے کر نظروں سے اس چھتری کو گھمانے کی کوشش کرے۔

اگر بار بار کوشش کرنے پر وہ کاغذ کی چھتری کو ہلا بھی دیتا ہے تو کہا جاسکتا ہے کہ اس میں ٹیلی کائنٹک قوت موجود ہے۔ اور اگر وہ چھتری کو گھمادے تو پورے یقین سے کہا جاسکتا ہے کہ اس میں ٹیلی کائنٹک قوت موجود ہے۔ جو شخص نظروں سے چھتری جتنی تیزی سے گھمانے میں کامیاب ہوجائے گا اتنی ہی زیادہ قوت کا مالک اس کو سمجھا جائے گا۔

ٹیلی پورٹیشن

ٹیلی پورٹیشن کی جانچ بہت مشکل ہے کوئی شخص اگر یہ جاننا چاہے کہ اس کے اندر یہ قوت ہے یا نہیں تو وہ خود اپنی جانچ کرسکتا ہے۔ بہت سے یوگی اور سادھو اس بات کا دعویٰ کرچکے ہیں کہ وہ بغیر کسی سہارے کے ایک جگہ سے دوسری جگہ جاسکتے ہیں۔ لیکن ابھی تک کوئی ثابت نہیں کرسکا۔ جب سائنسی طریقوں سے چیک کیا جاتا ہے تو کوئی نہ کوئی چالاکی اس کے پیچھے نکلتی ہے۔

سائنسدانوں کا یہ بھی خیال ہے کہ ہر آدمی کے دماغ میں ان قوتوں کے الگ الگ مرکز ہوتے ہیں جیسے ہر دماغ میں سننے کی قوت، دیکھنے کی قوت، سونگھنے کی قوت، دکھ یا خوشی محسوس کرنے کی قوت کے الگ الگ مرکز ہوتے ہیں، اسی طرح ان قوتوں کے بھی مرکز ہیں جو ابھی تک سائنسدانوں کی نظروں سے چھپے ہوئے ہیں۔ کچھ سائنسدانوں کا یہ بھی خیال ہے کہ یہ مراکز تباہ کرنے والی قوتوں میں گھرے ہوتے ہیں، اس لیے ان تک آسانی سے نہیں پہنچا جاسکتا۔ تباہ کرنے والی قوتوں سے سائنسدانوں کی مراد یہ ہے کہ اگر آپریشن کے ذریعے ان غیر معمولی قوتوں کو آزاد کرانے کی کوشش کی جائے تو ان تباہ کن قوتوں سے وہ آدمی پاگل بھی ہوسکتا ہے اور مر بھی سکتا ہے۔ لیکن اگر یقینی طور پر یہ پتہ چل جائے کہ کسی شخص میں درحقیقت کوئی غیر معمولی قوت ہے اور اس کا مرکز دماغ میں کسی خاص جگہ ہے تو آپریشن کرکے اس قوت کو تباہ کن قوت سے بچا کر آزاد کیا جاسکتا ہے اور پھر وہ شخص اپنی اس قوت سے کام لے کر ٹیلی پیتھی یا کسی دوسری

قوت کا مالک بن سکتا ہے۔

لیکن افسوس کی بات یہ ہے کہ پوری دنیا کے سائنسداں تجربوں پر کروڑوں روپے خرچ کرنے کے باوجود ابھی تک کسی ایسے شخص کو تلاش نہیں کر سکے جس میں ایسی کوئی بھی غیر معمولی قوت ہو۔ یا کم از کم اتنا ہی یقین سے کہا جاسکے کہ اس انسان میں واقعی کوئی غیر معمولی قوت ہے۔

جمالیات کیا ہے؟

کسی شئے یا فن کی خوبصورتی کے احساس کو جمالیات کہا جاتا ہے۔ انگریزی میں جمالیات کو Aesthetics کہا جاتا ہے۔ انگلش کی Webster ڈکشنری میں جمالیات کی تعریف اس طرح لکھی ہے:

The law and principles determining the beauty in nature, art, taste etc.

عظیم سائنسداں آئین اسٹائن نے نظریہ اضافیت میں کہا ہے کہ کائنات میں جو کچھ آپ دیکھتے ہیں وہ یقینی نہیں کہ وہی ہو جو آپ دیکھ اور سمجھ رہے ہیں۔ آپ کو وہ شئے جو کچھ نظر آ رہی ہے وہ آپ کی نگاہ، فاصلے اور زاویہ کے علاوہ اور بہت سے ایسے حقائق پر منحصر ہے جن سے آپ ناواقف ہیں یا جن کو Unknown factors کہا جاتا ہے۔ مثلاً ہمارے نظام شمسی کا ساتواں سیارہ زحل ہے۔ ہندی میں جس کو "شنی" کہا جاتا ہے۔ پہلے زمانے کے ستارہ شناس اسے بھی دوسرے سیاروں کی طرح کا ہی ایک سیارہ سمجھتے تھے لیکن جب دوربین ایجاد ہوئی تو پتا چلا کہ زحل (Saturn) بڑا عجیب اور پراسرار سیارہ ہے اور بہت خوبصورت بھی ہے کیونکہ اس کے گرد ایک نہیں بلکہ کئی حلقے (Rings) بنے ہوئے ہیں جو سیارے کے گرد گھومتے رہتے ہیں۔ ماہر فلکیات کا خیال ہے کسی زمانے میں یہ حلقے زحل کے گرد گھومنے والے چاند ہوں گے لیکن کسی وجہ سے وہ ٹوٹ کر ٹکرے ٹکرے ہو گئے اور زحل کی کشش کے باعث اس کے گرد گھومتے ہوئے حلقہ کی شکل میں نظر آنے لگے۔

اکثر سائنس داں اس بات پر متفق نظر آتے ہیں کہ اس کائنات میں کوئی چیز ''مکمل'' نہیں۔ نہ کوئی دائرہ مکمل ہے نہ کوئی خط مستقیم۔! یہ مبینہ شئے اصل میں کیا چیز ہے اور کیا نظر آتی ہے یہ ہماری نظروں کے اسے دیکھنے اور محسوس کرنے پر منحصر ہے مثلاً ہم چاند، سورج اور سیاروں کو گول سمجھتے ہیں جب کہ وہ ''مکمل'' گول نہیں۔ اسی طرح فطرت میں کوئی شئے نہ خوبصورت ہے نہ بدصورت۔ صرف کسی شئے کا وجود ہی اصل حقیقت ہے اسے دیکھ کر آپ کے اندر کون سی حس جاگتی ہے کون سا جذبہ ابھرتا ہے اسی کو ہم خوبصورتی کہتے ہیں۔

انسان ہر چیز کو ''حواس خمسہ'' سے محسوس کرتا ہے لیکن 'جمالیات' کو حواس خمسہ نہیں بلکہ انسان کی چھٹی حس محسوس کرتی ہے۔ پانچوں حسیں تو ہر انسان میں ہوتی ہیں لیکن چھٹی حس ہر ایک میں نہیں ہوتی یا یہ کہیے کہ زیادہ تر انسانوں میں اس قدر کم ہوتی ہے کہ وہ خوبصورتی سے سرسری طور پر متاثر ہوتے ہیں۔ اسی لیے خوبصورتی کو محسوس کرنے کا ہر انسان کا معیار یا پیمانہ بھی الگ الگ ہوتا ہے۔

اس مضمون کے لیے یہ طویل تمہید میں نے اس لیے باندھی ہے کہ احساس جمال بھی فطرت کی ہی دین ہے۔ کسی شئے کی جمالیات کو محسوس کرنے کے لیے بینائی اور نظر دونوں چیزوں کی ضرورت ہے۔ بینائی اور نظر بظاہر ہم معنی الفاظ ہیں لیکن ذرا سا فرق ہے، بینائی صرف دیکھنے کی حِس کے معنی میں آتا ہے اور نظر اس چیز کی قدر و قیمت کو سمجھنے کے معنوں میں آتا ہے۔ نظر ہر شئے کی جمالیات کو سمجھتی ہے ہر انسان کی نظر کا معیار الگ ہوتا ہے۔ اس لیے ہر انسان کسی بھی شئے میں جمالیات کو اپنے طور پر محسوس کرتا ہے۔ مثلاً کسی شخص کو پھول کی خوشبو زیادہ متاثر کرتی ہے۔ کسی کو رنگ پسند آتا ہے اور کوئی اس پھول کی پنکھڑیوں کی نرمی سے لطف اندوز ہوتا ہے حالانکہ یہ تینوں خوبیاں اس پھول کی جمالیات کا حصہ ہیں۔ صرف دیکھنے والے کی نظر کے زاویے اس کی جمالیات کے الگ الگ پہلو بن جاتے ہیں۔ دوسرے لفظوں میں یہ کہا جا سکتا ہے کہ انسان کی ذاتی پسند کسی بھی شئے کی جمالیات کا معیار ہوتی ہے۔

اردو زبان میں جمالیات کی بات کی جائے تو ذہن میں سب سے پہلے ایک

نام ابھرتا ہے اور وہ ہے پروفیسر شکیل الرحمٰن کا۔ قرآن شریف کی جمالیات سے لے کر انہوں نے اردو کے بدنام لیکن جینوئن (Genuine) اور جینیس (Genius) ادیب سعادت حسن منٹو کے افسانوں تک کی جمالیات اردو قاری کے سامنے پیش کردی ہیں۔ میں حیران ہوں کہ تخلیقات اور ان تخلیقات کی جمالیات کے بارے میں مزید کیا لکھا جاسکتا ہے چنانچہ میں صرف جمالیات کے بارے میں کچھ کہنا چاہوں گا۔

پروفیسر شکیل الرحمٰن نے اپنی تصنیف مولانا رومی کی جمالیات میں ایک واقعہ تحریر کیا ہے۔ یہ واقعہ دراصل مولانا رومی نے اپنی ایک مثنوی میں تحریر فرمایا ہے۔ جس پہ یہ وضاحت مقصود ہے کہ جمالیات ہر فن میں ہوتی ہے۔ اسی واقعہ کو میں نے کہیں اور ذرا تفصیل سے پڑھا تھا اس لیے یہاں اس واقعہ کو ذرا تفصیل سے پیش کرنے سے جمالیات کی زیادہ وضاحت ہوجائے گی۔ واقعہ اس طرح ہے کہ کسی بادشاہ کے دربار میں ہر طرح کے فنکار رہتے تھے ان ہی میں کچھ فنکار ''پُرکار'' کہلاتے تھے اور کچھ سادہ کار۔ ایک روز بادشاہ نے ان فنکاروں سے کہا کہ بھئی تم دونوں فنکار ہو اور اپنی اپنی فنکاری کی جمالیات کا دعویٰ کرتے ہو۔ اب ہم کس طرح جانیں کہ تم دونوں میں بہتر فنکار کون ہے۔ بادشاہ کی اس بات کے جواب میں سادہ کاروں نے ادب سے عرض کیا۔

''حضور مقابلہ کرالیں اور خود فیصلہ کرلیں کہ کس کا فن بہتر ہے۔''

''مقابلہ کیسے کرایا جائے؟'' بادشاہ نے سوال کیا۔

سادہ کاروں نے تجویز پیش کی--''ہم دونوں فنکاروں کو ایک بہت بڑا کمرہ دیا جائے اور اس کمرے کے درمیان ایک دیوار کھنچوادی جائے۔ اس کمرے کا آدھا حصہ پُرکاری کے فنکاروں کو دے دیا جائے اور آدھا حصہ ہم سادہ کاروں کو۔ اس کے ساتھ ہی ہمیں اپنا اپنا فن دکھانے کے لیے چھ مہینے کا وقت دے دیا جائے۔ چھ ماہ بعد آپ دونوں کا فن دیکھ کر خود فیصلہ کرلیجئے کہ دونوں فنون میں کیا فرق ہے۔''

بادشاہ کو یہ تجویز پسند آگئی۔ اس نے ایک بہت بڑا کمرہ ان کو دے دیا اور درمیان میں دیوار بنوادی تاکہ وہ ایک دوسرے کے فن کو متاثر نہ کرسکیں۔

چھ مہینے میں پُرکار طرح طرح کے رنگوں سے نازک اور باریک نقش و نگار

بناتے رہے اور سادہ کار اپنے حصہ میں سفیدی کر کے سادگی سے اس کو چمکاتے رہے۔ چھ مہینے بعد دونوں فنکاروں نے بادشاہ سے عرض کیا کہ ہم اپنے اپنے فن کا کمال دکھا چکے ہیں اب حضور کمرے کے درمیان کی دیوار نکلوادیں اور چل کر دیکھ لیں۔

بادشاہ نے حکم دیا کہ کمرے کے درمیان کی دیوار ہٹادی جائے۔ اس وقت تک دونوں فنکاروں کو بھی ایک دوسرے کا فن دیکھنے کا موقع نہیں ملا تھا۔ دیوار ہٹنے کے بعد بادشاہ دونوں فنکاروں کو ساتھ لے کر کمرے میں داخل ہوا۔ کمرے کے اندر قدم رکھتے ہی بادشاہ اور اس کے درباری حیران رہ گئے کیونکہ سارا کمرہ ایک تھا یا ایک جیسا تھا ایسا محسوس ہوتا تھا کہ پورے کمرے میں "پُر کار" فنکاروں نے ہی بیل بوٹے اور نقش و نگار بنائے ہیں۔ بادشاہ کچھ دیر کھڑا حیرت سے دیکھتا رہا پھر اس نے سادہ کاروں سے کہا۔

"یہ تو پُر کاری کے فنکاروں کا کمال ہے۔ تم لوگوں نے چھ مہینے میں کیا کیا؟

اس وقت دو سادہ کاروں نے ایک چادر پھیلا دی اور بادشاہ سے کہا۔

"اب ہمارا والا حصہ ملاحظہ فرمائیے۔"

بادشاہ یہ دیکھ کر حیران رہ گیا کہ جس حصے کے سامنے چادر آ گئی تھی وہاں دیوار آئینہ کی طرح سادہ ہو گئی تھی۔ تب فنکاروں نے کہا۔

"عالی جاہ۔ یہ ہم سادہ کاروں کا فن ہے۔ آپ ہماری طرف جو نقش و نگار دیکھ رہے ہیں وہ اصل نقش و نگار نہیں بلکہ پُر کاروں کے بنائے ہوئے نقش نگاروں کا عکس ہیں۔"

مختصر یہ کہ سادہ کاروں نے دیوار کو رگڑ رگڑ کر اس قدر شفاف بنا دیا تھا کہ وہ آئینے کی طرح چمکنے لگی تھیں۔ یہی سادہ کاروں کے فن کی جمالیات تھی۔ اس سے ثابت ہوتا ہے کہ جمالیات صرف رنگوں اور پھولوں میں ہی نہیں بلکہ سادگی اور صفائی میں بھی ہے یعنی اگر روح سادہ اور صاف ہے تو وہ ہر خوبصورتی کو اپنے اندر سموئے گی۔

ہالیووڈ کے مشہور کامیڈین باب ہوپ (Bob Hope) سے ایک بار اخبار نویسوں نے سوال کیا کہ آپ کی کامیابی کا راز کیا ہے؟ باب ہوپ نے بڑی سنجیدگی سے جواب دیا۔

''میں اداکاری کرتے ہوئے اپنے حواس خمسہ سے کبھی کام نہیں لیتا'' آدھے منٹ کے وقفہ کے بعد وہ بولا---''اداکاری کرتے ہوئے میں صرف اپنی چھٹی حس سے کام لیتا ہوں۔''

میں اس مضمون کے شروع میں یہ تحریر کر آیا ہوں کہ جمالیات کو محسوس کرنے کے لیے حواس خمسہ کی بجائے چھٹی حس کی ضرورت ہوتی ہے۔

نفسیات کے ماہرین نے ذہانت کو ناپنے کے لیے پیمانہ بنایا جسے انٹلی جنس کوشنٹ (Intelligence Quotient) یا آئی۔کیو (I.Q) کہا جاتا ہے۔ ذہانت کے اس پیمانے کے مطابق سو آئی۔کیو والے انسان نارمل انسان ہوتے ہیں۔ سو سے کم آئی۔کیو والے کم عقل مانے جاتے ہیں اور سو سے زائد آئی۔کیو والے ذہین اور عبقری کے درجہ تک پہنچ جاتے ہیں۔

ایک نارمل انسان کسی خوبصورت چیز کو دیکھتا ہے تو وہ اس کی خوبصورتی سے کچھ متاثر تو ہوتا ہے لیکن اس کی جمالیات اسے متاثر نہیں کرتی۔ ایک طرح سے جمالیات کا احساس ایک تخلیقی عمل ہوتا ہے۔ ایک خوبصورت منظر سو آدمی دیکھتے ہیں لیکن ہر دیکھنے والے پر اس کی خوبصورتی کا یکساں اثر نہیں ہوتا۔ کچھ لوگ منظر کو دیکھتے ہوئے گزر جاتے ہیں۔ کیونکہ منظر کی خوبصورتی کی جمالیات ان کو متاثر نہیں کرتی۔ کچھ لوگ منظر کی جمالیات میں گم ہو کر مبہوت کھڑے رہ جاتے ہیں --- اور یہ بات کسی خوبصورت منظر تک ہی محدود نہیں۔ بے آب و گیاہ جنگل، ریگستان، سبزے سے بیگانہ پہاڑ اور پتھر--- ہر شئے کی اپنی جمالیات ہوتی ہے جسے صرف وہی شخص محسوس کر سکتا ہے جس کی چھٹی حس بہت تیز ہو یا جس میں تخلیقی قوت ہو کیونکہ ہم جو کچھ دیکھتے ہیں وہ سب خالقِ کائنات کی فنکاری یا اس کی تخلیق ہی تو ہوتی ہے۔ جس نے یہ ساری کائنات تخلیق کی اس کی کوئی بھی تخلیق جمالیات سے خالی کیسے ہو سکتی ہے؟

سائنسی نقطۂ نظر سے اس کائنات میں کوئی چیز مکمل نہیں۔ خلا اور وقت کے نشیب و فراز کے باعث ہر شئے میں کوئی کمی رہ جاتی ہے یہ کمی بھی خدائے برتر کے فن کا کمال ہے۔ اس نامکمل پن میں بھی محسوس کرنے والے کو جمالیات محسوس ہو جائے گی۔

آئنسٹائن نے کہا ہے کہ زبان اور مکان ایک ہی سکّے کے دو رُخ ہیں۔ جس طرح سکّے کے ایک طرف تصویر ہوتی ہے اور دوسری طرف سن اسی طرح کائنات میں زمان اور مکان ساتھ ساتھ چلتے ہیں لیکن ہمیں ان دونوں مظاہر کا احساس اس وقت ہوتا ہے جب مادّہ کسی حجم یا جسم کی شکل میں ہمارے سامنے ہوتا ہے۔ خلا میں اگر نظروں کے سامنے کوئی مادی جسم نہیں تو صرف خلا رہ جاتا ہے لیکن جب کوئی مادی جسم آجاتا ہے تو ہمیں وقت کا بھی احساس ہونے لگتا ہے اور خلا کا بھی۔ وقت کو سائنسداں ''چوتھی سمت'' (Fourth Dimension) مانتے ہیں۔ اس بات کو اس طرح سمجھا جا سکتا ہے کہ آپ کو اگر خلا میں کسی ایسی جگہ بٹھا دیا جائے جہاں سے آپ ہر چیز کو دیکھ سکیں اور آپ پر وقت کا کوئی اثر نہ ہو تو آپ ہر مادی جسم کو تین اطراف (Three Dimen-sions) یعنی اس چیز کی لمبائی، چوڑائی اور گہرائی ایک نظر میں دیکھ لیں گے۔ اس کے بعد آپ اگر مسلسل اس چیز کو دیکھتے رہیں گے تو اس چیز کی ''چوتھی سمت'' بھی آپ کو نظر آنے لگے گی۔ آپ دیکھ سکیں گے کہ ایک بیج زمین میں ڈالا گیا۔ اس سے ایک کلّا پھوٹا پھر وہ کلّا درخت بنتا گیا اور پھیلتا گیا پھر کچھ عرصہ بعد درخت سوکھ کر ٹوٹ کر گر پڑا اور اس کا سارا وجود مٹی میں مل گیا۔ درخت پیدا ہونے، بڑھنے، پھیلنے اور پھر ختم ہو جانے کا عرصہ ہی چوتھی ڈائی مینشن (چوتھی سمت) ہوتی ہے۔ وقت کی ڈائی مینشن کی جمالیات دیکھی نہیں جاسکتی صرف محسوس کی جاسکتی ہے جیسے اربوں ستارے آسمان میں کروڑوں اور اربوں سالوں سے چمک رہے ہیں وہ وقت کے اس نامعلوم عرصہ میں کیا کیا بن چکے ہیں یہ فطرت کی جمالیات کا ایک پہلو ہے۔ اس کے مقابل ایک ایٹم کے الیکٹرون اپنے اپنے مدار پر گھومتے رہتے ہیں یہ الیکٹرون کبھی اُچھل کر اپنے مدار سے اوپر والے مدار پر چلے جاتے ہیں اور کبھی پھر واپس اپنے مدار پر آجاتے ہیں اور جب کوئی الیکٹرون اوپر والے مدار سے چھلانگ لگا کر نیچے والے مدار پر آتا ہے تو توانائی کا ایک ذرہ چھوڑتا ہے جسے فوٹون (Photon) کہا جاتا ہے یہی فوٹون 'کوانٹم' نظریہ کی بنیادی اکائی ہوتا ہے اس طرح بے شمار فوٹون مل کر روشنی بنتے ہیں جس کے ذریعہ اپنے اردگرد کی چیزوں کو دیکھتے ہیں اور اس روشنی کے سبب ہی ہم ہر مادی شئے کی جمالیات کو محسوس کرتے

ہیں۔ روشنی کی مختلف لہریں ہی ہمارے دماغ میں نیوروسز کو متحرک کر کے ہماری پانچوں حسوں کو جگاتی ہیں اور چھٹی حس یعنی تخلیقی قوت پیدا کرتی ہیں اگر روشنی نہ ہوتی تو کچھ بھی نہ ہوتا۔

یہاں یہ بات سمجھ لینا بھی ضروری ہے کہ انسان کی تمام حسیں توانائی کی مختلف لہروں کے ذریعہ جاگتی ہیں جیسے روشنی کی لہریں۔ آواز کی لہریں، حرارت کی لہریں وغیرہ۔ ہم روشنی کی لہروں کا بہت مختصر حصہ دیکھ پاتے ہیں جیسے روشنی کی بالائے بنفشی لہریں (Ultraviolet) اور زیریں سرخ لہریں ہماری آنکھیں دیکھنے سے قاصر ہوتی ہیں۔ بہر حال بات احساسِ جمال کی ہو رہی ہے اس کائنات میں خوبصورتی یا بدصورتی کوئی چیز نہیں یہ ہماری حس جمالیات کا اثر ہوتا ہے کہ ہم کسی شئے کو خوبصورت محسوس کرنے لگتے ہیں اور کسی شئے کو بدصورت۔ کوئی ایک چیز کچھ ذہنوں کے لیے خوبصورت ہوسکتی ہے اور کچھ ذہن اس کو بدصورت بھی سمجھ سکتے ہیں۔ جیسے ایک نیگرو عورت جس کے موٹے ہونٹ لٹکے ہوئے ہوں۔ گردن لمبی ہو۔ نیگرو مرد اس عورت کو حسین ترین عورت سمجھیں گے لیکن غیر نیگرو مرد اس کو بدصورت کہیں گے۔ موت سب سے بھیانک شئے مانی جاتی ہے لیکن موت کی بھی ایک جمالیات ہوتی ہے۔ یہاں مجھے ایک لطیفہ یاد آ گیا۔ ہالی ووڈ میں ایک فلم کی شوٹنگ چل رہی تھی منظر میں ایک کردار کو مرتے ہوئے دکھانا تھا۔ ڈائریکٹر مرنے کے سین بار بار فلما رہا تھا لیکن مطمئن نہیں ہو رہا تھا آخر اس نے ایکٹر کو مخاطب کرتے ہوئے کہا:

Please Mr. Haggerd, put some life in your death

(پلیز مسٹر ہیگرڈ اپنی موت میں کچھ جان ڈالیے) یعنی اگر مرنے کی ایکٹنگ کر رہے ہیں تو ایسی ایکٹنگ کیجئے جس سے موت کی سچائی ظاہر ہو۔

مشہور مصور لینارڈو داونسی کی مشہور شاہکار تخلیق ''مونالیزا'' جمالیات کی بہترین مثال ہے۔ ساری دنیا کے نقاد اور فنکار جس کی مسکراہٹ کا اسرار نہیں سمجھ سکے۔ بڑے بڑے فنکار، فلاسفر اور سائنس داں مونالیزا کی پراسرار مسکراہٹ کی وضاحت کرتے چلے آرہے ہیں لیکن ابھی تک اس کی پراسرار مسکراہٹ کا راز ایک معمہ بنا ہوا

ہے۔ مثلاً کچھ عرصہ پہلے کچھ بایولوجسٹ سائنس دانوں نے یہ نتیجہ نکالا تھا کہ مونالیزا کے چہرے پر "لقوے" کا اثر ہے (مریض لقوہ چہرے کے فالج کو کہا جاتا ہے) ماہر علم الابدان نے اس نتیجہ پر پہنچنے کی وجہ یہ بتائی تھی کہ انسان کے ہونٹوں کے دونوں کناروں کے خم اندرونی غم یا خوشی کا اظہار کرتے ہیں کسی غم زدہ یا روتے ہوئے انسان کے ہونٹوں کے دونوں کنارے نیچے کی طرف جھک جاتے ہیں اور مسکراہٹ کے وقت وہ ذرا سے اوپر کی طرف اٹھ جاتے ہیں۔ علم الابدان کے ماہرین کا خیال ہے کہ لقوہ کی وجہ سے مونالیزا کے ہونٹوں کے عضلات اوپر کی طرف بے جان ہوگئے تھے اس لیے خم اوپر کی جانب اٹھے رہ گئے ہوں گے اور مستقل طور پر مسکراتی ہوئی "سی" نظر آنے لگی لیکن مونالیزا تو ایک تصویر ہے، زندہ عورت نہیں۔ یہ تو لینارڈو کے فن کی جمالیات ہے کہ اس نے تصویر کے ہونٹوں کو ایک مستقل پراسرار مسکراہٹ دے دی۔ اس مسکراہٹ کی جمالیات یہ ہے کہ اسے واضح طور پر مسکراہٹ نہیں کہا جاسکتا پھر بھی اسے کوئی اور نام نہیں دیا جاسکتا۔ نہ ہی کسی دلی جذبہ کا اظہار کہا جاسکتا ہے۔ صدیوں سے لوگ اس مسکراہٹ کی جمالیات کو سمجھنے کی کوشش کرتے آرہے ہیں لیکن کوئی بھی کسی اطمینان بخش نتیجہ پر نہیں پہنچ سکا۔

اسی طرح کائنات میں ان گنت (Infinite) اشیا ہیں جو مونالیزا کی مسکراہٹ کی طرح پراسرار ہیں اور ان کی جمالیات کو ہر تخلیقی ذہن اپنے طور پر دیکھتا اور محسوس کرتا ہے۔ فطرت میں اتنے رنگ اور پہلو ہیں کہ آپ صدیوں تک ہر شئے کو ہزاروں پہلوؤں سے دیکھتے رہیے تو ہر پہلو میں نئی قسم کی جمالیات محسوس ہوگی۔ انسان کا ذہن محدود ہے اور اس کی صلاحیتیں بھی محدود ہیں۔ اس لیے محسوسات کو ایک ہی طرح بار بار دہرانے سے جمالیات کا حس اسی طرح پھیکا پڑنے لگتا ہے جیسے شوخ رنگ کچھ عرصہ کے بعد پھیکے پڑنے شروع ہوجاتے ہیں اس لیے جمالیات کا اظہار کرتے ہوئے قلم کو بے لگام چھوڑ دینے سے جمالیات میں وہ شوخی اور خوبصورتی نہیں رہتی جو ابتدا میں تھی۔ انسانی فطرت ہے کہ کیسی ہی عجیب کیسی ہی خوبصورت یا کیسی ہی پراسرار شئے کیوں نہ ہو، مختصر عرصہ میں ہی انسانی ذہن کے لیے وہ اپنی کشش کھودیتی ہے۔ آپ اپنی

پسند کی انتہائی لذیذ شئے صرف چند بار کھا کر اس کے ذائقہ کی جمالیات سے متاثر ہو سکتے ہیں۔ ایک حد کے بعد وہ ذائقہ اور لذت دونوں اپنی جمالیات کھو دیتے ہیں۔ ویسے بھی فطرت کا اصول ہے کہ جو شئے اپنی حد سے بڑھ جاتی ہے وہ معکوس ہو جاتی ہے۔ اسی لیے شاید غالب نے کہا تھا:

نقش فریادی ہے، کس کی شوخیِ تحریر کا
کاغذی ہے پیرہن ہر پیکرِ تصویر کا

حیات کیا ہے؟

صدیوں سے ایک سوال انسان کو پریشان کر رہا ہے ''زندگی یا حیات کیا ہے؟'' یہاں زندگی یا حیات سے مراد صرف انسانی زندگی نہیں بلکہ اس کے احاطے میں تمام جاندار آتے ہیں جیسے چرند، پرند، درندے، کیڑے مکوڑے اور نباتات وغیرہ ان سب میں زندگی ہوتی ہے، یہ پیدا ہوتے ہیں، جوان اور بوڑھے ہوتے ہیں اور مر جاتے ہیں۔ ان سب کی بنیاد بھی خلیے ہی ہوتے ہیں۔ خلیوں کے اندر جینز اور جینز کے ڈی۔این۔اے اور آر۔این۔اے ہی ان تمام زندگیوں کو وہ شکل دیتے ہیں جس سے ان کی نسل پہچانی جاتی ہے۔

مذاہب نے اپنے اپنے طور پر زندگی کی وضاحت کی ہے۔ اسلام، عیسائیت اور یہودی مذاہب زندگی کو روح کہتے ہیں یعنی اللہ کے حکم سے ماں کی کوکھ میں بچے میں روح داخل ہوتی ہے اور جب جسم سے روح نکل جاتی ہے تو وہ جسم مردہ ہو جاتا ہے۔ ہندو دھرم، بودھ دھرم اور جین دھرم بھی آتما پر وشواس رکھتے ہیں جسے روح کا ہندی نعم البدل کہا جا سکتا ہے۔

اب یہاں دو سوال پیدا ہوتے ہیں۔

یہ روح یا آتما کیا چیز ہوتی ہے؟

اور دوسرا سوال ہے کیا ہر جاندار میں روح ہوتی ہے؟ جب کہ ہم کسی جانور کے مرنے کے بعد یہ نہیں کہتے کہ اس کی روح نکل گئی بلکہ عام طور پر کہا جاتا ہے کہ اس کی ''جان'' نکل گئی ہے یا صرف یہ کہ یہ جانور مر گیا۔

تقریباً ڈیڑھ سو سال پہلے پیڑ پودوں یا نباتات کو زندگی نہیں سمجھا جاتا تھا لیکن جگدیش چندر بوس پہلے سائنس داں تھے جنہوں نے بتایا کہ پیڑ پودوں میں بھی اسی طرح زندگی ہوتی ہے جس طرح دوسرے جانوروں میں۔ اتفاق سے اسی عرصہ میں ایک غیر ملکی سائنس داں بھی اپنے تجربات سے اس نتیجہ پر پہنچا تھا۔ غیر ملکی پریس میڈیا نے اس کا نام اچھال دیا اور اس سائنس داں کو اسی تحقیق پر نوبل پرائز مل گیا۔

اس وقت یہ بحث مقصود نہیں کہ اس دریافت پر نوبل پرائز کس کو ملنا چاہئے تھا بلکہ یہ ثابت کرنا ہے کہ درختوں اور چھوٹے پودوں میں بھی زندگی ہوتی ہے، ان کی زندگی کی بنیاد بھی ایک خلیہ ہی ہوتا ہے جو ہر جاندار کی حیات کی بنیاد ہوتا ہے۔ خلیوں کے اندر کروموزومس کی تعداد۔ جینز اور ڈی۔این۔اے کی ترتیب ہر حیات کے وجود اور شکل میں تفریق کی بنیاد ہوتے ہیں۔

جدید تحقیق کے مطابق یہ بات بھی ثابت ہو چکی ہے کہ پیڑ پودے بھی دکھ اور سکھ محسوس کرتے ہیں۔ خوف زدہ اور خوش ہوتے ہیں۔ اگر کھیتوں کے اوپر موسیقی کی تانیں پھیلائی جائیں تو پودوں کی نشوونما میں تیزی آجاتی ہے۔

ایک بار ایک دلچسپ تجربہ کیا گیا۔ ایک کمرے میں مختلف قسم کے آٹھ دس پودے رکھ دیے گئے۔ ان میں سے ہر پودے کو برقی تار کے ذریعہ ایک حساس مشین سے ملا دیا گیا۔ یہ مشینیں پودوں والے کمرے سے دور رکھی گئیں۔ اس کے بعد چھ سات لڑکوں سے کہا گیا کہ ان میں سے ہر لڑکا کمرے میں جائے اور ہر پودے کو چھوتا ہوا باہر آجائے۔ لڑکوں نے ایسا ہی کیا لیکن کچھ نہیں ہوا۔ حساس مشینوں پر لگی سوئیاں اپنی جگہ ساکت کھڑی رہیں۔ دوسری طرف ایک لڑکے سے کہا گیا کہ وہ کمرے میں جا کر کسی ایک پودے کی پتیاں نوچ دے اور ٹہنیاں توڑ دے۔ لڑکے نے اندر جا کر ہدایت کے مطابق جیسے ہی ایک پودے کی پتیاں نوچنی شروع کیں اچانک اس مشین کی سوئی تیزی سے حرکت کرنے لگی اور یہی نہیں بلکہ ہر پودے سے منسلک مشین کی سوئی حرکت میں آگئی۔ جب لڑکا پودے کو نوچ کر باہر آگیا تو سب مشینوں کی سوئیاں آہستہ ہو کر رک گئیں۔ کچھ دیر بعد تجربہ کرنے والے سائنسدانوں نے ان لڑکوں سے پھر کہا کہ ان میں

سے ہر لڑکا ایک ایک کر کے پھر کمرے میں جائے اور پودوں کو چھوئے بغیر ان کے درمیان گھوم کر واپس آ جائے۔

تمام لڑکے ہدایت کے مطابق کمرے کے اندر گئے اور کسی پودے کو چھوئے بغیر باہر آ گئے لیکن مشینوں کی سوئیاں ساکت رہیں۔ آخر میں اس لڑکے کو کمرے میں بھیجا گیا جس نے ایک پودے کو نوچا تھا۔

تجربہ کرنے والے سائنسداں یہ دیکھ کر حیران رہ گئے کہ جیسے ہی اس لڑکے نے اندر قدم رکھا یکدم پھر تمام مشینوں کی سوئیاں حرکت میں آ گئیں۔ یعنی پودوں نے اس لڑکے کو پہچان لیا تھا جو ایک پودے کو تباہ کر چکا تھا اور اس کی موجودگی سے خوفزدہ ہو گئے تھے۔

اس تجربہ سے یہ بات ثابت ہو گئی کہ پودوں میں کسی طرح کا شعور یا جبلت ہوتی ہے جس میں دکھ سکھ اور خطرہ محسوس کرنے کی خاصیت ہوتی ہے۔

اس واقعہ یا تجربہ سے ثابت ہو جاتا ہے کہ نباتات بھی ایک طرح کی حیات ہوتے ہیں! اس طرح ایک بار پھر وہی سوال سامنے آ جاتا ہے کہ آخر حیات کیا ہے؟

مذہبی رہنماؤں کے علاوہ مختلف سائنسدانوں اور دانشوروں نے اپنے اپنے طور پر زندگی کی تعریف کی ہے۔ مثلاً کچھ لوگوں کا خیال ہے جس شے میں اپنی نسل خود بڑھانے کی صلاحیت ہوتی ہے وہ ''حیات'' کے زمرے میں آتی ہے۔

کچھ کہتے ہیں جس کو اپنی زندگی برقرار رکھنے کے لئے خوراک لینا لازمی ہوتا ہے وہ زندگی ہوتی ہے۔ ایک سائنسداں کا کہنا ہے کہ حیات اس کو کہتے ہیں جو اپنا وجود قائم رکھنے کے لئے اپنے سے کم طاقت والی زندگیوں کو کھا جائے یا ختم کر دے۔ اپنے اس نظریہ کے ثبوت میں وہ کہتا ہے جنگل میں ہر طاقتور جانور اپنا پیٹ بھرنے کے لئے اپنے سے کمتر زندگیوں کو مار کر کھا جاتا ہے۔ حد یہ ہے کہ ایک بڑا درخت اپنے نیچے چھوٹے پودوں کو پنپنے نہیں دیتا کیونکہ زمین سے سارا پانی اور نشوونما دینے والے دوسرے عناصر وہ جڑوں کے ذریعہ خود کھینچ لیتا ہے۔ مختصر یہ کہ ہزاروں سال سے ہونے والی بحث کا حتمی جواب انسان ابھی تک نہیں پا سکا۔ مذہبی عقائد کو درمیان میں نہ لاتے

ہوئے اگر سائنسی طور پر ہم زندگی کی تعریف کرنا چاہیں تو ہمارے پاس کوئی ایسا نظریہ یا جواز نہیں جسے ہر آدمی مان لے۔

سائنس فطرت کو سمجھنے کا علم ہے۔ جب سے خوردبین بنائی گئی ہے سائنسدانوں کے لئے فطرت اور زیادہ وسیع ہوگئی ہے۔ اب سے دو سال پہلے انسان جراثیمی حیات کے بارے میں کچھ نہیں جانتا تھا کیونکہ جراثیم برہنہ آنکھ سے نظر نہیں آتے۔ یہ جراثیم ہماری زندگیوں کے لئے ضروری بھی ہیں اور خطرناک بھی کیونکہ بہت سے جراثیم ہماری صحت کے لئے ضروری ہوتے ہیں اور بہت سے جراثیم خطرناک بیماریوں کا سبب بن کر ہلاکت پھیلا دیتے ہیں۔ خوردبین کی ایجاد سے فطرت کو قریب سے دیکھنے کا موقع ملا تھا لیکن جب سے الیکٹرانک خوردبین ایجاد ہوئی ہے جو کسی چھوٹی سے چھوٹی چیز کو پانچ لاکھ ہزار گنا بڑا کر کے دکھا سکتی ہے تو سائنسدانوں کی الجھنیں اور زیادہ بڑھ گئی ہیں کیونکہ اس الیکٹرانک خوردبین سے وہ ایسی چیزیں دیکھنے کے قابل ہو گئے جنہیں نہ حیات کہا جاسکتا ہے اور نہ کرسٹل یا دوسری معدنیات لیکن جن میں حیات کی بھی کچھ خصوصیات ہیں اور جمادات کی بھی۔ مثلاً وائرس ایک ایسی شے ہے جس میں مخصوص حالات میں اپنی نسل بڑھانے کی زبردست قوت ہے جب کہ ان مخصوص حالات کے بغیر وہ صرف پروٹین کا کرسٹل کہا جاسکتا ہے اسی لئے اس کو Parasite یعنی دوسروں کی زندگیوں پر پلنے والی شے کہا جاتا ہے۔ سائنسی اصطلاح میں بیک وقت نامیاتی مادہ بھی اور غیر نامیاتی مادہ بھی۔

لیکن بات ''حیات'' کو سمجھنے کی ہو رہی تھی اس لئے فی الحال وائرس کو چھوڑ کر حیات کی بنیاد سمجھنے کی کوشش کرتے ہیں۔

ایک بات یقینی ہے کہ ہر طرح کی حیات کی ابتدا ایک خلیہ ہے شاید اس زمین پر پہلی حیات ایک خلیہ ہی تھا یا یہ کہہ لیجئے کہ پہلی حیات صرف ایک خلیہ پر منحصر تھی جو سمندر میں وجود میں آئی اور آج جسے ''امیبا'' کے نام سے جانا جاتا ہے۔ اس حیات کے تنہا خلیے میں حیات کی تمام خصوصیات موجود نہیں۔ یہ اپنا وجود قائم رکھنے کے لئے غذا بھی لیتا ہے۔ پھر ایک سے ''شق'' ہو کر دو بن جاتا ہے اور اس طرح اپنی نسل بڑھانے کی

صلاحیت رکھتا ہے اس لئے ہم امیبا کو بنیادی حیات کہہ سکتے ہیں۔ (یہ ایک جگہ سے دوسری جگہ حرکت کرتا رہتا ہے)

اس مضمون کا تعلق خلیہ کی بناوٹ یا بنیاد سے نہیں پھر بھی اتنا بتا دینا ضروری ہے کہ ایک خلیہ کا ایک جسم ہوتا ہے جس میں پروٹو پلازم ہوتا ہے اس کے علاوہ دوسرے بہت سے چھوٹے اجزا ہوتے ہیں۔ ہر خلیہ کا ایک مرکزہ ہوتا ہے جسے نیوکلیس بھی کہا جاتا ہے اس نیوکلیس میں کروموزومس کے ۲۳ جوڑے ہوتے ہیں یعنی کل ۴۶ کروموزومس ہوتے ہیں۔ لیکن ۴۶ کروموزومس صرف انسان کے خلیوں میں ہوتے ہیں ورنہ ہر جاندار کے خلیے میں ان کی تعداد مختلف ہوتی ہے۔ مثلاً مرغی کے خلیے میں ۳۶ اور گیہوں کے خلیے میں ۲۶ کروموزومس ہوتے ہیں۔ تقریباً ہر جاندار کے جنسی خلیوں میں کروموزومس کی تعداد نصف ہوتی ہے جب نر اور مادہ کے جنسی خلیے ملتے ہیں تو وہ مکمل خلیہ بن کر نئی زندگی کا آغاز کرتا ہے۔ جس طرح انسان کے جنسی خلیوں میں صرف ۲۳ کروموزومس ہوتے ہیں یعنی مرد کے 'اسپرم' میں ۲۳ کروموزومس ہوتے ہیں اور عورت کے 'اووم' (انڈے) میں بھی ۲۳ کروموزومس ہوتے ہیں جب وہ دونوں مل جاتے ہیں تو ۴۶ کروموزومس کا ایک مکمل خلیہ بن جاتا ہے اور نئی زندگی شروع ہو جاتی ہے۔

یہ تمام باتیں تفصیل سے بتانے کا مقصد صرف یہ ہے کہ اب تک کی تحقیق کے مطابق ''امیبا'' حیات کی تمام شرطوں کو پورا کرتا ہے اس لئے اسے حیات کی سب سے چھوٹی شکل کہا جا سکتا ہے۔ جسے ''یک خلیہ'' (Unicellular) حیات بھی کہا جاتا ہے۔ (کچھ بیکٹر یا اور پروٹوزا بھی یک خلیہ کے ہوتے ہیں)

خلیہ نامیاتی (Organic) مادے سے وجود میں آتا ہے۔ باقی چیزیں غیر نامیاتی (Inorganic) مادے کے زمرے میں آتی ہیں۔

زندگی کی اس پہلی شکل ''امیبا'' کی تعریف کے بعد ایک بار پھر ہم وائرس کو دیکھتے ہیں جو نامیاتی اور غیر نامیاتی دونوں کے درمیان کی چیز ہے۔ یعنی ایک ہی وقت میں اسے زندگی بھی کہا جا سکتا ہے اور کیمیکل بھی۔ وائرس جو ماتا، پولیو اور ایڈس جیسے

خطرناک امراض سے لے کر زکام تک پیدا کرتا ہے اور جسے ہم کسی اینٹی بایوٹک یعنی جراثیم مارنے والی دوا سے بھی ختم نہیں کر سکتے بلکہ وائرس ختم کرنے کے لئے خاص طور پر ''ویکسین'' بنائی جاتی ہے۔

وائرس بذات خود حیات نہیں لیکن اگر ایک وائرس کو بھی کسی خلیہ میں گھسنے کا موقع مل جائے تو وہ سیدھا خلیہ کے مرکزے میں جا کر اپنا قبضہ جمالیتا ہے اور کرسٹل سے حیات بن جاتا ہے اور حیات بنتے ہی وہ اپنی نسل اس تیزی سے بڑھانا شروع کرتا ہے کہ سارے جسم میں بہت کم عرصہ میں پھیل جاتا ہے۔ چونکہ وہ کسی زندہ خلیے کے بغیر اپنی نسل کی افزائش نہیں کر سکتا اسی لئے اس کو ''حرام خور'' یعنی دوسروں پر زندہ رہنے والی حیات کہا جاتا ہے۔

تمام جراثیم الگ الگ قسم کی بیماریوں کا سبب بنتے ہیں جن کو ختم کرنے کے لئے جراثیم کش دوائیں بنائی جاتی ہیں۔ تقریباً ہر جرثومہ ایک خلیہ ہوتا ہے لیکن کئی کئی خلیوں والے جراثیم بھی ہوتے ہیں اور یہ مختلف شکلوں کے ہوتے ہیں۔

جراثیم کو اگر ایک چھوٹا خلیہ مان لیا جائے تو اس کے مقابلے میں وائرس کتنا بڑا ہوتا ہے اس کا تقابل مندرجہ ذیل پیمائشوں سے لگایا جا سکتا ہے۔

ہماری آنتوں میں Esche richia coli نام کا ایک بہت چھوٹا جرثومہ ہوتا ہے۔ اگر ہم الیکٹرون خوردبین کی مدد سے اس بیکٹریا کو پانچ لاکھ ساٹھ ہزار گنا بڑا کر دیں تو وہ ساڑھے پانچ فٹ کے ایک انسان کی برابر نظر آنے لگے گا۔ اس کے مقابلے میں انسانی خلیہ عام طور پر دس مائیکرو میٹر یعنی ایک میٹر کے ایک کروڑویں حصہ کی برابر ہوتا ہے۔ یعنی اس پیمانے پر انسانی خلیہ چار سو مربع فٹ کے کمرے کے برابر نظر آنے لگے گا۔ لیکن اسی پیمانے پر ''ویکسینا'' کا وائرس (جو ماتا پھیلانے کا وائرس ہے) پھیل کر ایک چھوٹے تربوز کے برابر نظر آئے گا۔ اور سب سے چھوٹا وائرس (پولیو مرض کا وائرس) اسی پیمانے پر پچیس پیسے کے سکے کے برابر نظر آئے گا۔

لفظ وائرس لاطینی زبان سے لیا گیا ہے جس کے معنی ہیں پتلا رقیق، بدبو یا زہر۔ سادہ لفظوں میں ایسی چیز جو نقصان دہ ہو۔ جس کا ثبوت ماتا، ایڈس، پیلا بخار،

کھسرا، ہرپیز (Herpes) عام زکام، پولیو اور گیسٹر وانٹرائن ٹری تیز جیسی بیماریاں ہیں۔ وائرس ہی ان تمام بیماریوں کو پھیلاتے ہیں۔ وائرس کو سائنسداں حیات اور غیر حیات کی درمیانی چیز مانتے ہیں۔

ساخت کے اعتبار سے یہ مرکزی تیزابوں اور پروٹین کے سالموں کا گنجلک ہوتا ہے جو نامیاتی مادوں کے کرسٹل (قلم) کی شکل میں نظر آتا ہے۔ (کاربن اور سلی کون کے کرسٹل بھی ایسے ہی نظر آتے ہیں)۔

کچھ سائنسدانوں کا خیال ہے کہ وائرس زندگی یعنی خلیہ کی ابتدائی شکل ہو سکتے ہیں کیونکہ یہ بظاہر کرسٹل نظر آتے ہیں لیکن کسی خلیے کے مرکزے میں داخل ہوتے ہی یہ حیات کی صورت اختیار کر کے اپنی نسل بڑھانے کا عمل شروع کر دیتے ہیں جب کہ یہ خاصیت کسی بھی کرسٹل میں نہیں ہوتی۔ اسی لئے وائرس کو نصف حیات اور نصف کیمیکل کہا جاتا ہے۔ جراثیم کی طرح یہ الگ رہ کر اپنی نسل نہیں بڑھا سکتے نہ نئے وائرس پیدا کر سکتے ہیں نہ ہی شق ہو کر یعنی ایک سے دو ہو کر اپنی تعداد بڑھا سکتے ہیں جیسا کہ بہت سے جاندار کر سکتے ہیں۔ اس تفصیل کے باوجود یہ سوال پیدا ہوتا ہے کہ پھر وائرس کیا ہے۔ اگر یہ بذات خود حیات نہیں تو پھر ان کو کیا کہا جا سکتا ہے۔

یہ سوال بالکل ایسا ہی ہے جیسے کہا جائے کہ ایک الیکٹرون کیا چیز ہے۔ کوئی ایٹمی ذرہ یا توانائی کی ایک لہر؟

ابھی تک ان دونوں سوالوں کا ایک ہی جواب ہے اور وہ ہے ''دونوں'' یعنی الیکٹرون ایک ایٹمی ذرہ بھی ہے اور توانائی کی لہر بھی اسی طرح وائرس بیک وقت حیات بھی ہے اور غیر حیات بھی۔ وائرس میں پروٹین اور کوئی ایک مرکزی تیزاب ہوتا ہے اس لئے حیات کی بہت ابتدائی شکل کہے جا سکتے ہیں۔ ایک عام خلیہ میں آر۔ این۔ اے اور ڈی۔ این۔ اے دو مرکزی تیزاب ہوتے ہیں جن سے نئی حیات کی ابتدا ہوتی ہے۔

لیکن وائرس صرف بیماریاں ہی نہیں پھیلاتے بلکہ ان کو کارآمد بھی بنایا جا سکتا ہے۔ ساخت کے اعتبار سے وہ کسی خلیہ کے مقابلہ میں بہت کم گنجلک ہوتے ہیں اس لئے سائنس داں آسانی سے ان کی ساخت میں تبدیلیاں کر کے نئے وائرس تخلیق کر سکتے

ہیں جو بہت کارآمد ثابت ہو سکتے ہیں جیسا کہ آج کل سائنسداں ایسے وائرس تخلیق کرنے کی کوششوں میں مصروف ہیں جو جینوم (Genome) یعنی جین تھیراپی میں مددگار ثابت ہوسکیں گے کیونکہ جینوم سسٹم میں کسی مرض کا علاج کرنے کے لئے یا کسی نسلی بیماری کو ختم کرنے کے لئے ڈی این اے زنجیر کی ناکارہ کڑیوں کی جگہ بیماری کو ختم کرنے والے ڈی این اے کی کڑیوں کو خلیہ کے مرکز میں داخل کرنے کا کام وائرس ہی کر سکتے ہیں۔ مثال کے طور پر تھالاسیمیا (Thalassaemia) نام کی ایک نسلی بیماری ہے جس میں خون کے ہیموگلوبین میں کچھ کمی رہ جاتی ہے اور اس بیماری میں مریضوں کو ہر دو یا تین مہینے بعد صحیح ہیموگلوبین کا خون چڑھانا ضروری ہوتا ہے۔

اگر ماں کے جین میں ڈی این اے کی اس خرابی کو دور کر دیا جائے تو بچوں میں یہ خرابی پیدا نہیں ہوگی۔ آج کل سائنسدانوں کے سامنے یہی مسئلہ ہے کہ یہ جینٹک خرابیاں کس طرح ٹھیک کی جائیں۔ اس سلسلہ میں ''ہیومن جینوم پراجیکٹ'' پر دنیا کے بہترین سائنسداں ان مشکلوں کا حل ڈھونڈنے میں لگے ہوئے ہیں۔ بلکہ جینوم پر کام کرنے والے سائنسداں ایک بہت اہم کامیابی حاصل کر بھی چکے ہیں۔ انہوں نے انسانی ڈی این اے کا مکمل چارٹ بنا لیا ہے جو ڈی این اے کے تین کروڑ ''کوڈز'' پر مشتمل ہے لیکن ابھی یہ چارٹ مکمل نہیں کہا جا سکتا ہے کیونکہ یہ چارٹ بالکل اسی طرح کا ہے جیسے کسی شہر کا مکمل نقشہ بنا لیا گیا ہو۔ تمام سڑکیں، میدان، پارک اور جھیلیں نقشے پر دکھا دیے گئے ہوں لیکن شہر کی چھوٹی چھوٹی گلیوں کے نشان بنانا ابھی باقی رہ گئے ہوں۔ دنیا بھر کے سائنس داں اس نقشے یا ''کوڈ چارٹ'' کو مکمل کرنے پر لگے ہوئے ہیں۔ امید ہے بہت جلد ان کو کامیابی مل جائے گی۔ اس کے بعد کسی جینٹک خرابی کو پہچاننا کافی آسان ہو جائے گا۔ کسی جینٹک خرابی یا بیماری کی اصل وجہ ڈھونڈنے کے لئے ۴۶ کروموزومس کے ڈی این اے کوڈ کی پوری چھان بین کرنی پڑے گی اور جب خرابی مل جائے گی تو ڈی این اے کے اس خراب حصے کو بدلنے کے لئے جینوم سائنس کے ذریعہ بدلنے کی کوشش کی جائے گی۔ اگر کوشش کامیاب رہی تو پھر وہ جینٹک کمی اگلی نسل میں نہیں جا سکے گی۔ جینوم پراجیکٹ کی کامیابی پر لوگ ابھی سے نئے نئے خواب دیکھنے لگے

ہیں مثلاً کچھ لوگوں کا خیال ہے کہ ڈی این اے کوڈ مکمل ہو گیا اور سائنسداں جینٹک خرابیاں دور کرنے میں کامیاب ہو گئے تو شاید کسی زمانے میں میڈیکل سسٹم کی ضرورت نہیں رہے گی کیونکہ کسی بھی مرض کا علاج جینٹک طریقہ پر کر دینا ممکن ہو جائے گا پھر کوئی دوا کھانے کی ضرورت نہیں رہے گی۔ لیکن یہ باتیں ابھی صرف نظریات کی حد تک ہیں یا یہ کہیے کہ خوش فہمی کے خوابوں کی حیثیت رکھتی ہیں اس کے باوجود یہ نہیں کہا جا سکتا کہ یہ ''ناممکن'' ہے۔ بلکہ عین ممکن یہ ہے کہ نپولین کے قول کے مطابق ڈکشنری سے ''ناممکن'' کا لفظ ہی نکالنا پڑے گا اور کچھ لوگ تو یہاں تک سوچنے لگے ہیں کہ ایک بار ڈی این اے کوڈ پر انسان نے اختیار پا لیا تو پھر اپنی مرضی کے انسان پیدا کرنا اس کے اختیار میں ہوگا۔ کوئی پیدا ہونے والا بچہ غالب کی طرح بہترین شاعر ہو یا آئنسٹائن کی طرح ذہین سائنسداں، آنے والی نسل کے دو ہاتھ ہوں یا چار ہاتھ یہ سب کچھ انسانی اختیار میں ہوگا یعنی انسان انسانی جسم اور دماغ میں مرضی کے مطابق تبدیلیاں کرنے پر قادر ہوگا۔

آج یہ بات سائنسی کہانی کا ایک حصہ نظر آتی ہے لیکن مستقبل بعید میں نظریاتی اعتبار سے یہ سب کچھ ممکن ہو سکے گا۔ اس کے باوجود سائنسداں حیات کی صحیح تعریف کرنے میں ناکام رہیں گے۔

مصنوعی شعور

Artificial Intelligence

کارکردگی میں سب سے اہم اور دنیا کا سب سے بڑا کمپیوٹر دوسری عالم گیر جنگ کے دوران بنایا گیا تھا۔ یہ کمپیوٹر فوجی مقاصد کے لئے بنایا گیا تھا اور یہ اتنا بڑا تھا کہ کئی عمارت میں پھیلا ہوا تھا۔ اس میں تقریباً بارہ ہزار ویکوم (Vaccum) ٹیوب لگے تھے جو اس قدر حرارت پیدا کرتے تھے کہ ان کو ٹھنڈا رکھنے کا الگ سے بندوبست کرنا پڑتا تھا اس کے باوجود اس کے تار اور ٹیوب جلتے رہتے تھے اور پھٹتے رہتے تھے، لیکن اس کی کارکردگی بہت سے ذہین انسانوں کے دماغوں کی کارکردگی سے کئی ہزار گنا زیادہ تھی۔ یہ کمپیوٹر زیادہ تر ریاضی کے مسائل حل کرتا تھا۔ یہ ریاضی کے ایسے مسئلے سیکنڈوں میں حل کر دیتا تھا جسے ریاضی کے ماہر بہترین دماغ مہینوں میں حل کر سکنے کی صلاحیت رکھتے تھے۔

اس کے بعد جب ٹرانزسٹر (Transistor) ایجاد ہوا تو یہ کئی منزلوں والی عمارت میں پھیلا ہوا کمپیوٹر سمٹ کر صرف ایک چھوٹے سے کمرے میں آ گیا اور پھر جب چپس (Chips) کی ایجاد ہوئی تو وہی دیو پیکر کمپیوٹر لیپ ٹاپ (Lap top) بن کر ہمارے ہاتھوں میں آ گیا اور اس کے کام کرنے کی صلاحیت بھی ہزاروں گنا زیادہ ہوگئی بلکہ اس میں نئی نئی صلاحیتیں پیدا کی جانے لگیں۔ یہ تمام صلاحیتیں انسانی دماغ کی دین تھیں۔ آج کے بہترین کمپیوٹر جو کمال دکھا رہے ہیں وہ سب انسانی ذہانت اور شعور کا نتیجہ ہے کیونکہ انسان پروگرامنگ کر کے وہ صلاحیتیں کمپیوٹر کی یادداشت میں

شامل کرتے ہیں۔

آیئے پہلے ایک مختصر سا جائزہ لیتے ہیں کہ آج کے کمپیوٹر کیا کچھ کر سکتے ہیں چونکہ دنیا بھر کے سائنس داں کمپیوٹروں میں طرح طرح کی صلاحیتیں 'داخل' کرنے کی کوششوں میں مصروف ہیں اس لئے نئی نسل Generations یا اقسام کے کمپیوٹر وجود میں آتے جارہے ہیں اور جس تیزی سے کمپیوٹروں کی طرح طرح کے کام کرنے کی صلاحیتیں بڑھتی جارہی ہیں ان کو دیکھ کر مستقبل کی نشاندہی کرنے والے سائنسدانوں کو یقین ہوتا جارہا ہے کہ وہ دن زیادہ دور نہیں جب یونیورسٹیوں میں کمپیوٹر روبٹ (انسانی شکل کے روبٹ) ہر سبجیکٹ پڑھانے کے فرائض انجام دینے لگیں گے۔ اسپتالوں میں ڈاکٹروں کی جگہ روبٹ بہت اہم اور نازک آپریشن کرنے لگیں گے۔ کھیتوں میں مزدوروں کی جگہ لے لیں گے۔ گھریلو ملازموں کا ہر کام کمپیوٹر سنبھال لیں گے مثلاً آپ کے فریج میں انڈے یا پھل وغیرہ کم ہو گئے ہیں تو آپ کا فریج آٹومیٹک طور پر آپ کو اطلاع دے گا کہ فریج میں ان چیزوں کی ضرورت ہے۔ بچوں کی دیکھ بھال کے لئے Baby sighter کا کام بھی کمپیوٹر روبٹ انجام دینے لگیں گے۔ یہ تمام کام صرف خواب و خیال نہیں بلکہ اس طرح کے کمپیوٹر واقعی بن چکے ہیں بس کمی یہ ہے کہ وہ ابھی تجرباتی منزل میں ہیں بازار تک نہیں پہنچ پائے ہیں۔ آج کے کمپیوٹر موسیقی کی نئی نئی دھنیں بنا سکتے ہیں، مصوری کر سکتے ہیں، کپڑوں کے ڈیزائن تیار کر سکتے ہیں، آپ کے ساتھ شطرنج کھیل سکتے ہیں وغیرہ وغیرہ۔ کہنے کا مقصد یہ ہے کہ مستقبل میں انسانی شکل میں ڈھالا ہوا ایک روبٹ جس کے دماغ میں انسانی دماغ کی طرح کام کرنے والا مائیکرو کمپیوٹر رکھا ہوگا ہر وہ کام کر سکے گا جو انسان کر سکتا ہے حتیٰ کہ یہ بھی ممکن ہے کہ مستقبل کے روبٹ جنسی ضروریات بھی پوری کرنے لگیں۔ آج کے سائنسداں کمپیوٹروں (روبٹوں) میں ان تمام صلاحیتوں کی سچائی سے انکار نہیں کرتے اسی لئے ایک سوال سائنس دانوں کے ذہنوں میں پیدا ہونے لگا ہے۔

''کیا کمپیوٹر ارتقا کی کسی منزل میں انسان کی طرح باشعور ہو جائے گا؟ یا ہوسکتا ہے؟''

یہ سوال بہت اہم ہے اور ایک پہلو سے خطرناک بھی ہے اس بات کو سمجھنے کے لئے پہلے ہمیں یہ سمجھنا ہوگا کہ شعور کیا چیز ہے؟

جب ایک بچہ پیدا ہوتا ہے تو اس کا دماغ کورے کاغذ کی طرح ہوتا ہے یا یہ کہئے کہ اس کے دماغ کے Nerones (خلیے) بالکل خالی ہوتے ہیں۔ ان میں کوئی یادداشت یا زندگی کا تجربہ ریکارڈ نہیں ہوتا۔ بچہ پیدا ہونے کے بعد اس کے حواس خمسہ کام کرنے لگتے ہیں۔ روشنی آنکھوں کے ذریعہ اندر داخل ہوکر باہر کے مناظر دکھانے لگتی ہے۔ ان مناظر کا عکس پہلے آنکھ کے پردے ریٹینا (Retina) پر پڑتا ہے اور ریٹینا ان عکسوں کو برقی سگنلوں (Impulses) کے ذریعہ دماغ کے مرکز بصارت کو بھیجنے لگتا ہے جہاں وہ یادداشت کا حصہ بنتے رہتے ہیں۔ اسی طرح سماعت کا عمل آواز کی لہریں کانوں کے پردوں تک پہنچاتا ہے اور وہاں سے آواز کی لہریں برقی سگنل بن کر مرکز سماعت میں پہنچتے رہتے ہیں مختصر یہ ہے کہ پانچوں حسیں جو محسوس کرتی ہیں وہ برقی سگنلوں کے ذریعہ ان حسوں کے مراکز میں پہنچتی رہتی ہیں اس طرح انسان کے (بچے کے) تجربات و مشاہدات کی یادداشت میں ریکارڈ ہوتے رہتے ہیں اور جوں جوں عمر بڑھتی جاتی ہے یادداشت میں معلومات کا خزانہ بڑھتا جاتا ہے ان ہی معلومات کے ذریعہ انسان زندگی گزارتا ہے، خطرات سے بچ کر چلتا ہے، زندگی کے آداب سیکھتا ہے، دکھ سکھ کا مقابلہ کرتا ہے۔ بہت سی مختلف یادداشتوں کو ملا کر دلچسپ نتائج نکالتا ہے۔ زندگی پہیلیوں کا ایک مجموعہ ہے۔ وہ ہر پہیلی کو اپنے شعور کی مدد سے حل کرتا جاتا ہے اس کا مطلب ہے کہ شعور اس یادداشت کو کہا جا سکتا ہے جو انسان کے دماغ میں ریکارڈ ہوتی جاتی ہے لیکن ہم فیصلہ کن طور پر یہ بات نہیں کہہ سکتے۔ سچ تو یہ ہے کہ الفاظ کے ذریعہ ''شعور'' کی تعریف کرنا تقریباً ناممکن ہے کیونکہ باشعور انسان ہی ذہانت سے کام لے کر فطرت کی خوبصورتی سے لطف لیتا ہے۔ مختلف فنوں کی تخلیق کے لئے شعور اور ذہانت لازمی شئے ہیں۔

یہاں ایک بات سمجھ لینا بہت ضروری ہے کہ انسان کا دماغ ہمارے جسم کی ہی نہیں بلکہ پوری کائنات کی ایک بے حد پُر اسرار شئے ہے۔ سائنسداں اور فلاسفر صدیوں

سے دماغ کے عمل اور کارکردگی کو سمجھنے کی کوششوں میں مصروف ہیں لیکن ابھی تک یہ نہیں سمجھ سکے کہ دماغ میں سوچنے کا عمل کس طرح ہوتا ہے۔ نئے خیالات کہاں سے اور کیسے آتے ہیں۔ دماغ نئی نئی چیزیں کیسے تخلیق کرتا ہے سائنسدانوں کا اندازہ ہے کہ انسانی دماغ میں آٹھ بلین سے لے کر پندرہ بلین تک نیورونز ہوتے ہیں لیکن ان میں باعمل (Active) صرف دس پندرہ ملین نیورونز ہی ہوتے ہیں۔ اندازہ یہ ہے کہ کسی انسانی دماغ میں جتنے زیادہ نیورونز باعمل ہوتے ہیں وہ اتنا ہی زیادہ ذہین ہوتا ہے۔ اگر یہ نظریہ درست مان لیا جائے تو یہ سوال کیا جا سکتا ہے کہ اگر دماغ کے تمام دس یا پندرہ بلین نیورونز باعمل ہو جائیں تو کیا وہ انسان اس کائنات کی ہر شے کو سمجھنے کے قابل ہو جائے گا۔ سائنس کی تاریخ بتاتی ہے کہ زیادہ تر سائنسی دریافتیں اچانک ہوئی ہیں۔ جیسے اچانک دماغ کے کچھ سوئے ہوئے نیورونز Active ہو گئے اور سوچنے والے کے ذہن میں نیا نظریہ آ گیا۔ یہ بات عام طور پر مان لی گئی ہے کہ تخلیقی عمل قدرت کی دین ہے یعنی انسان کے دماغ میں کس طرح یا کس حصے کے نیورونز باعمل ہوتے ہیں جو انسان غالب اور شیکسپیئر بن جاتا ہے۔ مانی اور بہزاد جیسا مصور بن جاتا ہے۔ گلیلیو، اسحاق نیوٹن اور آئنسٹائن جیسا سائنسداں بن جاتا ہے۔ آدمی کیا بنے گا یہ فیصلہ اس کے جینز (Genes) اور دماغ کے باعمل نیورونز کرتے ہیں۔ اگر کوئی شخص ریاضی میں ماہر ہے تو وہ ہزار کوششوں کے باوجود اچھا شاعر یا اچھا شطرنج کا کھلاڑی نہیں بن سکتا۔ کسی بھی فن یا علم میں اعلیٰ مقام حاصل کرنے والے ماہرین اپنے دماغ کے Active نیورونز کی وجہ سے ہی وہ مقام حاصل کر پاتے ہیں۔

دماغ میں پانچوں حواس کے مرکز الگ الگ ہوتے ہیں اس کے علاوہ دماغ دو حصوں میں تقسیم ہوتا ہے۔ ان میں داہنی جانب والا حصہ جسم کے بائیں حصہ کو کنٹرول کرتا ہے اور بائیں جانب والا حصہ داہنے حصے کو۔ دماغ کے ان دونوں حصوں کی ایک اہم خصوصیت یہ بھی ہے کہ ان میں ایک حصہ منطقی سوچ میں طاقتور ہوتا ہے اور دوسرا آدھا حصہ جذباتی اور حساس زیادہ ہوتا ہے اس سے یہ اندازہ لگایا جا سکتا ہے کہ جن اشخاص میں دماغ کا منطقی حصہ طاقتور ہوتا ہے وہ سائنس داں اور انجینئر قسم کے لوگ بن

جاتے ہیں یا زندگی کے ایسے کاموں میں ماہر ہوتے ہیں جن میں لاجک کا استعمال زیادہ ہوتا ہے اور جن انسانوں میں جذباتی (Emotional) حصہ طاقتور اور حساس ہوتا ہے وہ فنون لطیفہ میں زیادہ دلچسپی لیتے ہیں یا فلاسفر بن جاتے ہیں۔ دماغ کی بناوٹ میں ایک اور عجیب خصوصیت یہ ہے کہ دماغی خلیے جن کو نیورونز کہا جاتا ہے انسانی جسم کے تمام خلیوں سے مختلف ہوتے ہیں۔ بنیاد وہی ہوتی ہے کہ خلیہ کا ایک جسم ہوتا ہے اس کے اندر مرکزہ ہوتا ہے مرکزے میں جینز اور کروموسومز ہوتے ہیں یعنی جسم کے تمام خلیے عام طور پر ایک ہی شکل کے ہوتے ہیں جب کہ نیورونز کافی مختلف شکل کے ہوتے ہیں۔ ایک نیورونز میں کئی جگہ شاخیں سی پھوٹی ہوتی ہیں خلیے کا سارا جسم کسی پیڑ کے تنے کی طرح لمبوترا ہوتا ہے جس کے کئی سروں پر کئی کئی شاخیں پھیلی ہوتی ہیں۔ ہر نیورونز کی یہ شاخیں دوسرے کئی کئی نیورونز کی شاخوں سے ملی ہوتی ہیں انہیں شاخوں کے ذریعہ ایک نیورون میں آیا ہوا برقی سگنل دوسرے نیورونز کی شاخیں وصول کرتی ہیں۔ دلچسپ چیز یہ ہوتی ہے کہ ایک نیورون کی شاخیں دوسرے نیورون کی شاخوں سے ملتی نہیں ہیں بلکہ ہر نیورون کی شاخیں دوسرے نیورونز کی شاخوں سے الگ رہتی ہیں دونوں کی شاخوں کے درمیان ذرا سا فاصلہ ہوتا ہے جو Syneps کہلاتا ہے اس فاصلے کے درمیان ایک کیمیاوی عنصر ہوتا

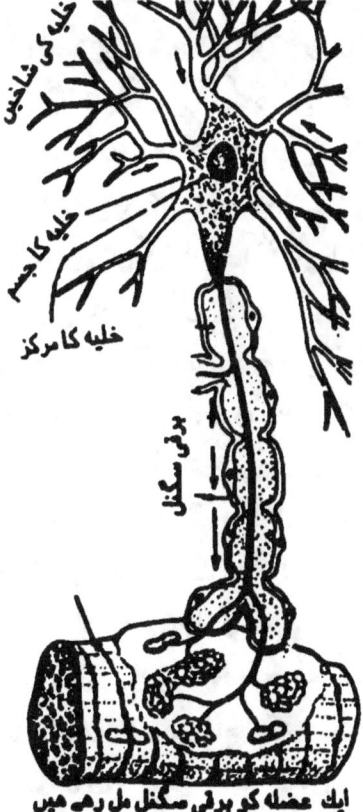

ایک عضلہ کو برقی سگنل مل رہے ہیں

ہے جب کسی نیورونز سے ہوتی ہوئی کوئی Impulse (برقی سگنل) اس شاخ کے آخر تک پہنچتی ہے تو وہ کیمیاوی عنصر اس سگنل کو دوسرے نیورون کی شاخ کے سرے تک پہنچا دیتا ہے۔ اس طرح پانچوں حسوں سے موصول شدہ سگنل دماغ کے مختلف مراکز تک پہنچتے ہیں۔ اہم بات یہ ہے کہ یہ برقی سگنل صرف ایک ہی سمت کو چلتے ہیں اس لئے ان ہی نیورونز تک پہنچتے ہیں دماغ جہاں تک ان کو پہنچانا چاہتا ہے۔ اندازہ ہے کہ یہ برقی سگنل ایک سیکنڈ میں ایک سو میٹر کی رفتار سے ایک جگہ سے دوسری جگہ جاتے ہیں۔

دماغ کے بارے میں تفصیل سے یہ باتیں بتانے کا مقصد یہ ہے کہ آج ڈی جی ٹل (Digital) کمپیوٹر میں بھی معلومات اسی طرح برقی سگنلوں کے ذریعہ چپس (Chips) تک پہنچتی ہیں اور کمپیوٹر کی یادداشت میں ریکارڈ ہو جاتی ہیں اور کمپیوٹر اپنی یادداشت میں ریکارڈ شدہ معلومات کو کبھی نہیں بھولتا جب تک کسی وجہ سے اس یادداشت کو دانستہ نہ مٹایا جائے۔ دماغ اور کمپیوٹر کے عمل میں بہت کچھ مماثلت ہے بلکہ سچ یہ ہے کہ ایک کمپیوٹر میں اتنی معلومات اکٹھی کی جاسکتی ہیں کہ انسانی دماغ میں یا تو وہ سمانہیں سکتیں یا ایک دوسرے عمل کے ذریعہ دماغ بیکار معلومات کو بھلاتا چلا جاتا ہے۔ اس مماثلت کے باوجود آج کا جدید کمپیوٹر بھی انسانوں جیسی ذہانت اور شعور سے عاری ہوتا ہے مثال کے طور پر ایک کمپیوٹر کی یادداشت میں شطرنج کے کھیل کے وہ تمام نقشے ریکارڈ کرنا آسان کام ہے جن سے اب تک کے بڑے بڑے شاطر کام لیتے آئے ہیں۔ اب اگر اس شاطر کمپیوٹر کے ساتھ کوئی انسان شطرنج کھیلے تو مخالف کی چال چلتے ہی کمپیوٹر چند سیکنڈ میں اپنی یادداشت کے تمام نقشوں سے اس چال کو ملا کر اگلی چال چل دے گا لیکن یہ بھی ممکن ہے کہ انسان کھلاڑی نے اچانک جو چال چلی ہے وہ اس کی یادداشت میں نہ ہو اس لئے کمپیوٹر ہار جائے گا۔ انسانی شاطر کی وہ نئی چال دراصل اس کے شعور کی تخلیق تھی کمپیوٹر اس طرح خود کوئی چال نہیں سوچ سکتا کیونکہ وہ باشعور نہیں ہے۔ دوسرے لفظوں میں کمپیوٹر صرف یادداشت سے کام لے کر کسی مسئلے کا حل تلاش کر سکتا ہے انسان کی طرح کوئی ایسا حل نہیں نکال سکتا جو اچانک انسانی دماغ میں پیدا ہو جاتا ہے۔ اسی کو شعور کہا جاتا ہے یعنی دماغ ذہانت سے کام لے کر نئی نئی تخلیقات کر سکتا ہے جب کہ

کمپیوٹر ایسا نہیں کر سکتا۔

یہ بحث صرف خیالی نہیں، نہ ہی یہ بحث برائے بحث ہے بلکہ سچ یہ ہے کہ دنیا کے بہت سے سائنسداں یہ ماننے لگے ہیں کہ مستقبل میں ایسے کمپیوٹر بنائے جا سکتے ہیں جن میں انسانوں کی طرح شعور کی صلاحیت پیدا ہو جائے۔

اب سوال یہ پیدا ہوتا ہے کہ اگر کبھی ایسا ہو گیا تو پھر کیا ہوگا؟

کمپیوٹر میں غور و خوض کرنے کی قوت اور شعور پیدا ہو گیا تو کیا ہوگا؟ کیا نئی قسم کا یہ باشعور کمپیوٹر 'مشینی حیات' کا درجہ لے لے گا اور جب باشعور ہو جائے گا تو مستقبل کے باشعور روبٹ کیا نسل انسانی سے بغاوت کا اعلان کر کے انسان کو ختم کر دیں گے۔ اس بات کو سمجھنے کے لئے یہ سوال اٹھانا پڑے گا کہ ''زندگی'' کی صحیح تعریف کیا ہے اس دنیا میں لاکھوں اقسام کی حیات اور نسلیں آباد ہیں لیکن لاکھوں نسلوں میں صرف انسان ہی ذی شعور حیات ہے باقی جاندار جبلی فطرت (Natural Instinct) سے کام لیتے ہیں ان میں شعور نہیں ہوتا بلکہ نسلی اور جبلی طور پر وہ اس دنیا میں اپنی زندگی کا سارا حصہ گزارتے ہیں اس کے باوجود سائنسدانوں کے دلچسپ تجربات نے ثابت کر دیا ہے کہ شہد کی مکھیاں، چوہے، کتے، ڈولفن مچھلیاں اور چمپانزی ایسے جاندار ہیں جو تربیت دینے پر بہت معمولی طور پر شعور سے کام لینے لگتے ہیں جو شعور کم ہوتا ہے اور جبلی فطرت زیادہ مثلاً کچھ چوہوں کو ایسی جگہ رکھا جاتا ہے جہاں کئی رنگوں کے بٹن لگے ہوتے ہیں ان میں ایک بٹن چھونے پر چوہے کو برقی جھٹکا لگتا ہے اور ایک خاص بٹنی

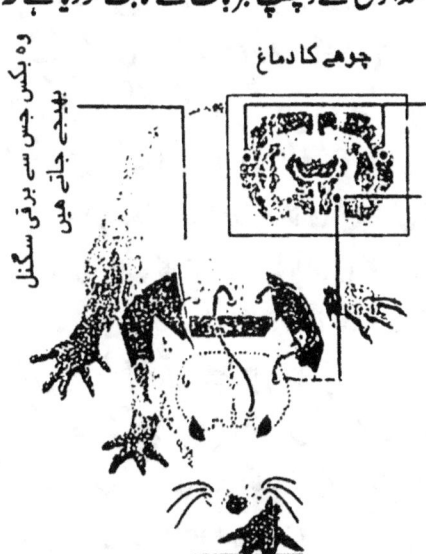

دبانے سے کوئی کھانے کی چیز انعام کے بطور ملتی ہے۔ ایک دو روز میں ہی چوہے تجربات کر کے یہ جان لیتے ہیں کہ انہیں انعام کے لئے کون سا بٹن دبانا ہے اور کس بٹن سے بچنا ہے یعنی ایک طرح سے وہ شعور سے ملتی جلتی حس یا یادداشت سے کام لینے لگتے ہیں۔ اس تجربہ کا دلچسپ پہلو یہ ہے کہ جب ان تجربہ کار چوہوں کے بچوں پر یہ تجربہ کیا گیا تو وہ سیدھے اس بٹن کی طرح گئے جسے چھونے سے انعام ملتا تھا اس کا مطلب ہے کہ نسلی (Genetic) طور پر ان میں یہ شعور جیسی خوبی آ گئی تھی۔ ڈولفن مچھلیاں تربیت پانے کے بعد ''واٹر بال'' کھیلتی ہیں ان کو اپنے چونچ نما منہ پر رکھ کر اچھال دیتی ہیں۔ چھوٹے بچوں کو ان کے ساتھ پانی میں ڈال دیا جائے تو وہ بچوں کو اپنی پیٹھ پر سنبھال کر تیراتی ہیں۔ شہد کی مکھیاں پھولوں کا رس چوسنے کے لئے پھولوں کا انتخاب نہیں کرتیں بلکہ جو پھول بھی مل جاتا ہے اس کا رس چوسنے لگتی ہیں۔ لیکن اب تربیت دی گئی مکھیاں صرف ان ہی خاص پھولوں کا رس چوستی ہیں، تجربہ کرنے والے سائنسداں جن کا شہد حاصل کرنا چاہتے ہیں۔ چمپانزی لفظوں اور حرفوں کو پہچاننا بہت جلدی سیکھ جاتے ہیں حکم دینے پر مختلف چیزیں اٹھا لاتے ہیں۔ کتے گیند اور اخبار اٹھا لاتے ہیں۔ کیا ان تمام خصوصیات کو ہم کسی طرح کا شعور کہہ سکتے ہیں؟ ان جانوروں کی یہ خوبیاں یقینی طور پر شعور نہیں کہی جا سکتیں لیکن یہ ضرور ہے کہ یہ جاندار دوسرے جانوروں سے زیادہ تجربہ کار یا ذہین کہے جا سکتے ہیں۔

سوال یہ تھا کہ کیا کمپیوٹر ارتقا کی کسی منزل میں باشعور ہو سکتے ہیں؟

اس سوال کا جواب دینا آسان کام نہیں۔ کمپیوٹر کے ماہر سائنسداں اور بایولوجی کے سائنسدانوں کی ایک بڑی تعداد کا خیال ہے کہ کمپیوٹر کبھی باشعور نہیں ہو سکتا لیکن چند سائنسداں کہتے ہیں کہ ''یہ بات ناممکن نہیں!'' اس سوال پر وقت ضائع کرنے کی بجائے کمپیوٹر کے سائنسداں اور بایولوجسٹ اب سائنس کی دو نئی شاخوں پر کام کر رہے ہیں ان میں سے ایک شاخ کا نام بایونکس (Bionics) ہے اور دوسری شاخ سائبر نیٹکس (Cybernetics) کہلاتی ہے۔ نام الگ الگ ہونے کے باوجود دونوں کے بنیادی اصول تقریباً ایک جیسے ہیں ان کا مقصد یہ ہے کہ انسانی جسم اور دماغ

کے زیر اثر الیکٹرانک یعنی مصنوعی اعضا قدرتی اعضا کی طرح کام کر سکیں یا مشین اور بایو سائنس (جسمانی سائنس) کو ملا کر ایسے انسان بنائے جائیں جو ہر طرح کے حالات کا مقابلہ کرنے کی صلاحیت رکھتے ہوں۔ اس سلسلے میں دو تجربوں کا ذکر دلچسپی کا باعث ہوگا۔ بایونکس کے ماہرین نے ایک لڑکی کے مفلوج ہاتھوں کو دو مشینی یعنی الیکٹرانک ہاتھ دے دیے ہیں۔ ہیلن اسمتھ نام کی یہ لڑکی جس کے ہاتھ ایک خطرناک قسم کے دماغی بخار میں مبتلا ہو کر مفلوج ہو گئے تھے۔ وہ اپنے دونوں ہاتھوں کی انگلیاں تک نہ ہلا سکتی تھی۔ بایونکس سائنسدانوں کی مدد سے اب وہ نارمل زندگی گزارنے کے قابل ہو گئی ہے۔ ان سائنس دانوں نے اس کے بازوؤں سے نیچے دو الیکٹرانک ہاتھ لگا دیے ہیں۔ ان الیکٹرانک ہاتھوں کے برقی تاروں کا کنکشن اس کے بازوؤں کے عضلات کو متحرک کرنے والے اعصاب سے کر دیا گیا ہے۔ یعنی دماغ سے آنے والے برقی سگنل جب اعصاب کے ذریعہ اس کے بازوؤں تک آتے ہیں تو وہ الیکٹرانک ہاتھوں تک چلے جاتے ہیں۔ اس طرح وہ لڑکی جب اپنے ہاتھ کی کوئی انگلی ہلانا چاہتی ہے تو عضلات کے اعصاب سے ملے برقی کرنٹ لے جانے والے تار اس کی انگلی کو ہلا دیتے ہیں اب وہ اپنے مصنوعی ہاتھوں سے چیزوں کو پکڑ کر اٹھا سکتی ہے۔ دونوں الیکٹرانک ہاتھوں سے تقریباً قدرتی ہاتھوں جیسا کام لینے لگی ہے۔ اس تجربے میں سائنسدانوں نے دو الیکٹروڈ (Electrod) پیوندکاری کے ذریعہ لڑکی کے بازوؤں کے عضلات میں لگا دیے ہیں۔
(۱۷ جون ۲۰۰۲ء کے ٹائمز آف انڈیا اخبار میں یہ خبر چھپی ہے)

دوسرا تجربہ سائبرنیٹک سائنس کا ایک کارنامہ کہا جا سکتا ہے۔ یہ تجربہ پروفیسر کیون واروک (Kevan war wick) نے خود اپنے جسم پر کیا ہے انہوں نے اپنے ہاتھ کی کلائی میں دو ملی میٹر کا ایک چپ (Chip) پیوندکاری کے ذریعہ جلد کی تہہ کے نیچے لگوا لیا ہے اس 'چپ' کا تعلق براہ راست ایک کمپیوٹر سے ہے اس طرح کیون واروک پہلا کمپیوٹرائز (Computerise) انسان بھی کہا جا سکتا ہے۔ اس تجربہ کے ذریعہ وہ جسم کے اندر اعصابی ریشوں کے عمل اور ردعمل کا باقاعدہ ریکارڈ اپنے کمپیوٹر میں رکھ سکے گا۔ وہ جب بھی کوئی دکھ محسوس کرے گا اس کے ردعمل میں اعصاب کس طرح

عمل کریں گے اسی عمل کو کمپیوٹر کی یادداشت میں جمع کرتا رہے گا۔ یہ تجربہ اگر کامیاب رہا تو مستقبل میں ان مریضوں کا علاج ممکن ہو جائے گا جو ریڑھ کی ہڈی میں چوٹ لگنے کے باعث مفلوج ہو جاتے ہیں۔

جب کبھی زلزلہ یا کوئی اور قدرتی تباہی آتی ہے تو عمارتوں کے ملبے کے نیچے دبے انسانوں کو تلاش کرنے میں بہت دشواری پیش آتی ہے۔ بہت سی جانیں صرف اس لئے ضائع ہو جاتی ہیں کہ ان کو بروقت امداد نہیں مل پاتی کیونکہ تلاش کرنے والوں کو پتہ نہیں ہوتا کہ ملبہ میں کس جگہ کوئی انسان دبا ہوا ہے۔ اب سائنس دانوں نے سائبرنیٹک کی مدد سے ایسے چوہوں پر تجربہ شروع کیا ہے جو ریموٹ کنٹرول سے گائڈ کئے جائیں گے اور ملبے میں دبے انسانی جسموں کی تلاش میں مددگار ثابت ہوں گے کیونکہ چوہے زمین کے چھوٹے سوراخوں میں گھس کر ہر طرف جاسکتے ہیں۔ سائنس دانوں کا یہ تجربہ دلچسپ ہے وہ یہ جانتے ہیں کہ چوہے اپنی مونچھوں کے بالوں سے چیزوں کو پہچانتے ہیں یعنی اندھیرے میں ان کی مونچھوں کے بال سامنے آنے والی چیزوں کو پہچاننے میں مدد کرتے ہیں۔ سائنس دانوں نے اس تجربے کے لئے تین تار ایک چوہے کے دماغ میں لگا دیے ہیں ان تاروں کا کنکشن ایک چھوٹے سے بکس میں لگے الیکٹرانک آلے سے ہے جو تینوں تاروں کو الگ الگ سگنل بھیجتا ہے ان میں ایک تار میں برقی سگنل

تیر کے نشان برقی سگنلوں (Impulses) کی سمت ظاہر کررہے ہیں

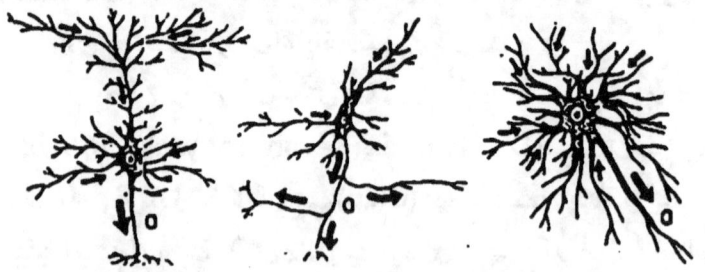

انسانی دماغ کے خلیے (نیورونز) جسم کے دوسرے خلیوں سے بالکل مختلف ہوتے ہیں

جاتے ہیں تو چوہوں کی دائیں جانب کی مونچھوں میں جس کی لہر دوڑ جاتی ہے اور وہ فوراً دائیں جانب گھوم جاتا ہے اور دوسرا تار بائیں جانب کی مونچھوں کو کنٹرول کرتا

ہے۔تیسرا تار اس کے دماغ کو ''لذت'' ملنے والے مرکز سے جوڑ دیا جاتا ہے جب چوہا تھکان محسوس کرنے لگتا ہے تو اس تیسرے تار کے سگنل اس کے اندر لذت کا احساس بڑھا دیتے ہیں۔ الیکٹرانک بکس کو اس کی کمر سے باندھ کر چوہے کو ملبے کے ڈھیر میں چھوڑ دیا جاتا ہے پھر ریموٹ کنٹرول سے اس کو گائیڈ کیا جاتا ہے کہ اسے کدھر جانا ہے۔ زمین کے اندر کسی سوراخ میں جانے کے بعد جب ایک طرف اسے کچھ نہیں ملتا تو دوسرے تار سے برقی سگنل بھیج کر اس کا رخ موڑ دیا جاتا ہے۔اس طرح وہ چوہا ملبہ کی زیادہ سے زیادہ گہرائی میں جاکر دبے ہوئے انسانی جسموں کا پتہ لگانے میں مددگار ثابت ہوتا ہے۔ مشین اور زندہ جسم کو ملاکر کام لینے والی یہ سائنس مستقبل میں خلا میں بھی مددگار ثابت ہوسکتی ہے۔

ایک سوال ہم ادھورا چھوڑ آئے ہیں اور وہ یہ کہ ''زندگی یا حیات کیا ہے؟''

حیات کی تعریف ہر شخص اپنے طور پر بیان کرتا ہے۔ کچھ لوگ کہتے ہیں کہ اپنے ماحول سے متاثر ہوکر جو شئے حرکت کر سکے وہ زندگی ہے۔ کچھ کہتے ہیں 'جس شئے میں اپنی نسل بڑھانے کی صلاحیت ہو وہ حیات کہلائی جاسکتی ہے' اسی طرح حیات کی تعریف میں طرح طرح کے اندازے یا نظریے پیش کیے جاتے رہے ہیں لیکن کچھ سائنس داں اور فلاسفروں کی نظر میں حیات کی اصل تعریف یہ ہے کہ ہر حیات اپنا وجود قائم رکھنے کے لئے اپنے سے کمتر زندگیوں کو ختم کر دیتی ہے مثلاً بڑی مچھلی چھوٹی مچھلیوں کو کھا جاتی ہے۔ شیر، چیتا اور ان جیسے درندے اپنی زندگی قائم رکھنے کے لئے کمزور جانوروں کو کھا جاتے ہیں۔ پرندے کیڑے مکوڑوں کو کھا کر زندہ رہتے ہیں حد یہ ہے کہ ایک بڑا درخت بھی اپنے نیچے اور آس پاس چھوٹے چھوٹے پودوں کو پنپنے نہیں دیتا۔

حیات کی یہ تعریف زندگی سے زیادہ نزدیک ہے۔ اور بایولوجی یا کمپیوٹر سائنس کے ماہر اسی لئے یہ کہتے ہیں کہ اگر اتفاق سے کبھی کمپیوٹر میں شعور کی صلاحیت پیدا ہوگئی تو وہ حیات کا درجہ لے لے گی اور پھر وہ کمپیوٹر مشینی حیات بن کر اپنے سے کم طاقتور زندگیوں کو ختم کردے گا۔ یعنی وہ روبٹ جس کو انسان اپنی خدمت گزاری کے لئے بنائے گا اس سے غلاموں کی طرح کام لے گا۔ اسی روبٹ کی مشینی ذہانت شعور میں

تبدیل ہوگئی تو وہ غلام روبٹ نسل انسانی کے خلاف بغاوت کرکے انسانوں کو تباہ کر دے گا۔

لیکن کیا واقعی ان مشینی دماغوں میں شعور پیدا ہو سکتا ہے یا ہو جائے گا اس سوال کا جواب تو صرف مستقبل ہی دے سکے گا۔

جین تھیراپی

(Gene Therapy)

ہوائی جہاز کے موجد رائٹ برادرز میں سے ایک بھائی جہاز کی ایک اڑان کا تجربہ کرتا ہوا مارا گیا تھا لیکن اس کی موت انسان کو پرواز کرنا سکھا گئی۔

ڈاکٹر کوٹنس نے چین میں زخمی اور بیمار فوجیوں کا علاج کرتے ہوئے ایک خطرناک مرض کا راز جاننے کے لیے خود اپنے آپ کو تجربہ کا جانور بنا دیا۔ مرض کے جراثیم اس نے اپنے جسم میں داخل کر لیے اور مرض سے پیدا ہونے والے اثرات کو قلمبند کرتا رہا۔ آخر اپنی جان دے کر ڈاکٹر کوٹنس نے اس جان لیوا مرض کا علاج تلاش کر لیا اور موت کا شکار ہونے والے سیکڑوں بلکہ ہزاروں انسانوں کی زندگیاں بچا لیں۔

چار روسی خلاباز خلا میں کئی روز آرام سے گزار کر واپس اپنی زمین پر آ رہے تھے لیکن جیسے ہی ان کا راکٹ زمین کی فضا میں داخل ہوا ان سے رابطہ ٹوٹ گیا۔ جب خلائی جہاز زمین پر اترا تو دیکھا گیا کہ چاروں خلاباز اپنی سیٹ پر مردہ پڑے تھے۔

امریکہ کا ایک خلائی شٹل سات انسانوں کو لے کر خلا میں جا رہا تھا کہ پرواز کے چند منٹ بعد ہی پھٹ گیا اور سارے خلاباز مارے گئے۔

نہ جانے کتنے سائنسدانوں نے پوٹاشیم سائنائڈ زہر کا ذائقہ جاننے کے لیے اس زہر کو چکھ کر اپنی جان دے دی۔

یہ موتیں ایک طرح کی دیوانگی کے سبب ہوئیں یعنی کچھ کر دکھانے کی دیوانگی یا انسانیت کی بھلائی اور نئی چیزوں کی کھوج کی دیوانگی۔ اگر اس طرح کے سر پھرے

سائنسدانوں میں یہ دیوانگی نہ ہوتی تو آج بھی ہم چار سو سال پہلے کی دنیا میں جی رہے ہوتے نہ ہوائی جہاز ہوتے، نہ خطرناک امراض کی دوائیں، نہ بجلی ہوتی اور نہ آج کے عیش و آرام مہیا کرنے والی اشیا؟

پھر اگر ایک نوجوان مریض اسی طرح کے ایک تجربے میں اپنی جان سے ہاتھ دھو بیٹھا تو کیا قیامت آ گئی جو دراصل زندہ ہونے کے باوجود زندہ نہیں تھا، جو ایک ایسے مرض میں مبتلا تھا جس کا آج کی میڈیکل سائنس میں کوئی علاج نہیں۔ ڈاکٹر اسے دوائیں دے کر صرف زندہ رکھ سکتے تھے۔ اس کو مکمل صحت یاب نہیں کر سکتے تھے۔ اس کی اس ادھوری زندگی کو پوری زندگی بنانے اور اس کے لاعلاج مرض کو ختم کرنے کی خواہش لے کر سائنس دانوں نے اس مریض پر ایک تجربہ کرنے کی پیش کش کی۔

مریض کا نام تھا جیسی گی سنگر (Jesse Gei Singer)۔ عمر ۱۹ سال۔ وہ ایک بڑے عجیب جینٹک (Genetic) مرض کا شکار تھا جس نے اس کے جگر کو اس طرح متاثر کیا تھا کہ اس کا علاج نہیں ہو سکتا تھا۔ ڈاکٹر عام طرح کی دواؤں سے اسے صرف کچھ مدت کے لیے زندہ رکھ سکتے تھے۔

چنانچہ یونیورسٹی آف پین سلوانیا انسٹی ٹیوٹ فار، ہیومن جین تھیراپی (University of Pennsylvania's Institute for Human Gene Therapy) کے ڈاکٹروں نے جیسی کی زندگی کے لیے ایک جوا کھیلنے کا فیصلہ کیا۔ انہوں نے جیسی سے کہا کہ اگر وہ اجازت دے تو وہ اس کے مہلک مرض کو ختم کرنے کے لیے اس پر ''جین تھیراپی'' کا تجربہ کر سکتے ہیں جس میں کامیابی اور ناکامی دونوں کی پچاس فیصد توقع ہے۔ اگر ان کا جین تھیراپی کا یہ تجربہ کامیاب رہا تو اسے اپنے مرض سے ہمیشہ کے لیے نجات مل جائے گی اور ناکام رہا تو زندگی سے ہاتھ دھونا پڑے گا۔

جیسی نے ہمت سے کام لے کر خود پر تجربہ کرنے کی اجازت دے دی کیونکہ اس طرح بھی اس کی زندگی ایک مصیبت ہی تھی۔

ڈاکٹروں نے تجربہ شروع کیا اور ناکام رہے۔ تجربہ کرنے کے تین چار دن

بعد ہی جیسی کی موت ہوگئی جو غیر متوقع نہیں تھی مگر ڈاکٹروں کی یہ پہلی کوشش تھی اس لیے ان کو اپنی ناکامی کا جیسی کے رشتہ داروں سے بھی زیادہ دکھ ہوا۔ اور عجیب بات یہ تھی کہ اس کی موت اس مرض سے نہیں ہوئی تھی۔ بس اچانک اس کے چند اعضائے رئیسہ نے کام کرنا بند کر دیا اور وہ مر گیا۔

اس واقعہ کو امریکہ کے کئی اخباروں نے اچھالا اور احتجاج کیا۔ ساتھ ہی جین تھیراپی پر پابندی لگانے کی مانگ شروع ہوگئی۔ اب شاید بہت سے قاری یہ جاننا چاہیں گے کہ یہ 'جین تھیراپی' کیا چیز ہے۔ تو اس کا جواب یہ ہے کہ جس طرح آجکل کینسر کے مریضوں کا علاج ریڈی ایشن تھیراپی یا کیموتھیراپی سے کیا جاتا ہے۔ اسی طرح ایک نیا طریقہ علاج جین تھیراپی ہے یعنی کسی مرض کا بذریعہ ''جین'' علاج کیا جانا۔

ذرا سا شعور رکھنے والا آج کے زمانے کا ہر شخص لفظ جین سے واقف ہو چکا ہے خاص طور پر جب سے کلوننگ کے تجربات شروع ہوئے ہیں۔ پرنٹ میڈیا اور الیکٹرانک میڈیا میں ''جین'' کے بارے میں کافی وضاحت کی جا چکی ہے۔ جینز ہر انسان یا یہ کہئے کہ ہر جاندار کے خلیوں کے سب سے چھوٹے لیکن سب سے اہم یونٹ ہوتے ہیں جن میں نباتات اور جراثیمی زندگیاں بھی شامل ہیں۔

ہر انسان کا جسم کروڑوں خلیوں سے مل کر بنتا ہے اور تقریباً ہر خلیہ میں ۴۶ دھاگوں جیسے کروموزومس ہوتے ہیں۔ ان کروموزومس کے مختلف ٹکڑوں کو ہی جینز کہا جاتا ہے۔ یہی جینز ڈی۔ این۔ اے کوڈ کے ذریعہ کسی حیات کی تخلیق کرنے کے ذمہ دار ہوتے ہیں۔ اندازہ یہ ہے کہ ایک لاکھ انسانی جینز میں قریباً تین کھرب ڈی۔ این۔ اے کوڈ ہوتے ہیں۔ سائنس داں آج کل یہ کوڈ پہچان کر کمپیوٹروں میں محفوظ کرنے میں مصروف ہیں اور امید کرتے ہیں کہ دو تین سال میں یہ کام مکمل کر لیا جائے گا۔ یہ کام امریکہ کے ایک ادارے ہیومن جینوم پراجیکٹ (Human genome Project) کے تحت کیا جا رہا ہے۔

ایک بار انسانی کروموزومس کے جینز اور ان کے ڈی۔ این۔ اے کوڈ کو حل کر لیا گیا تو سائنسدانوں کو امید ہے کہ پھر وہ انسانی جسم میں پیدا ہونے والے بہت سے

نسلی اور غیر نسلی امراض سے نجات حاصل کرنے کے قابل ہو جائیں گے۔ ایک عام انسان یہ سوال کر سکتا ہے کہ جینز اگر اتنی چھوٹی چیز ہے تو اس سے امراض کا علاج کیسے کیا جا سکتا ہے۔ اس سوال کا جواب ایک فلم کے چھوٹے سے واقعہ کی مدد سے دیا جا سکتا ہے۔

ابھی حال ہی میں ایک فلم ''جوراسک پارک'' آئی تھی اس فلم میں بتایا گیا تھا کہ سائنس دانوں کو ایک درخت کے گوند میں پھنسا کروڑوں سال پرانا ایک مچھر مل جاتا ہے گوند نے جس کو ممی بنا دیا تھا اور وہ گوند کے اس خول میں اسی طرح ثابت و سالم محفوظ تھا جیسا کروڑوں یا اربوں سال پہلے ہوگا۔

سائنس دانوں کے مطابق اس دور میں دنیا پر صرف ''ڈائنو سار'' نام کے جانور بستے تھے۔ مچھر کے خون میں سائنس دانوں کو کسی جانور کے ڈی۔ این۔ اے کا ایک ٹکڑا بالکل صحیح حالت میں ملا۔ چونکہ سائنس داں جانتے تھے کہ اس دور میں زمین پر صرف ڈائنو سار ہی آباد تھے اس لیے مچھر نے کسی ڈائنو سار کا خون پیا ہوگا پھر وہ درخت کے تنے پر آ بیٹھا ہوگا۔ اسی وقت درخت کے تنے سے گوند نکلا اور بہتا ہوا مچھر تک آ گیا۔ مچھر گوند کے اس بلبلہ کے اندر قید ہو کر رہ گیا۔

ڈی۔ این۔ اے کی زنجیر کی ایک کڑی دیکھ کر سائنس دانوں نے سوچا کیا ہم اس ڈی۔ این۔ اے سے ایک نئی حیات ایک نیا ڈائنو سار تخلیق کر سکتے ہیں۔

دنیا کے بہترین سائنس داں اس کام پر لگ گئے۔ لیکن ابتدائی تیاریوں میں ان کو پتہ چلا کہ ڈی۔ این۔ اے انہیں مچھر کے خون سے ملا ہے اس زنجیر کی ایک کڑی ٹوٹی ہوئی ہے اور جب تک وہ کڑی نہ ملے ڈائنو سار کی تخلیق ناممکن ہے۔ زمین پر اب کوئی ڈائنو سار نہیں رہا تھا اس لیے سائنس دانوں نے زمین پر پائے جانے والے کسی ایسے جانور کی تلاش شروع کی جس کا ڈی۔ این۔ اے اس ڈائنو سار کے ڈی۔ این۔ اے سے مشابہت رکھتا ہو۔

بڑی تلاش کے بعد آخر ان کو ایک نایاب قسم کا مینڈک مل گیا جس کے ڈی۔ این۔ اے سے سائنس داں اپنا کام چلا سکتے تھے۔ انہوں نے مینڈک کے ڈی۔ این۔ اے کی کڑی ڈائنو سار کے ڈی۔ این۔ اے میں جوڑ دی اور کمپیوٹروں کی مدد

سے اس ڈی۔این۔اے کو اپنا عمل کرنے کے قابل بنادیا۔

اس ڈی۔این۔اے سے پہلے انڈا بنا پھر اس میں سے ایک بچہ نکلا۔ یہ بچہ سائنس دانوں کی توقعات کے عین مطابق تھا یعنی انہوں نے اربوں سال کے عرصہ کے بعد ڈی۔این۔اے کے ایک ٹکڑے کی مدد سے پورا ڈائنوسار تخلیق کرلیا تھا۔ یہ ایک طرح سے کلوننگ کا ہی عمل تھا۔

اب کلوننگ کے عمل میں یہ بات لازمی ہے کہ کلوننگ کے لیے جو مکمل خلیہ لیا جائے گا اس سے پیدا ہونے والا جاندار بالکل اس جاندار کی نقل ہوگا جس کا خلیہ لیا گیا ہے۔ یعنی اگر وہ خلیہ کسی نر جانور کا ہے تو اس سے نر جانور ہی پیدا ہوگا اور مادہ جانور کا ہے تو مادہ ہی پیدا ہوگی۔

سائنس دانوں نے اس ڈی۔این۔اے کی کلوننگ کرنے سے پہلے اس کی بہت سی نقلیں بنالی تھیں جن میں سے ہر نقل "مکمل" ڈائنوسار بن سکتی تھی۔

اس کامیابی کے بعد سائنس دانوں نے بہت سے ڈائنوسار تخلیق کرکے ایک ہرے بھرے جزیرے پر بسا دیے اور جزیرے کو ایک تفریح گاہ یا زندہ میوزیم کی شکل دے دی تاکہ ساری دنیا سے لوگ آکر اربوں سال پہلے پیدا ہونے والا ڈائنوسار دیکھ سکیں۔

یہ ڈائنوسار گوشت خور یعنی بہت خطرناک تھے لیکن چونکہ وہ سب ایک ہی ڈی۔این۔اے سے بنائے گئے تھے اس لیے وہ خود اپنی نسل نہیں بڑھا سکتے تھے اور ان خونخوار جانوروں کی تعداد کو قابو میں رکھ کر ہر خطرے سے محفوظ رہا جا سکتا تھا۔

لیکن سائنس دانوں سے ایک غلطی ہوگئی تھی۔ انہوں نے جب مینڈک کے ڈی۔این۔اے کی ایک کڑی ڈائنوسار کے ڈی۔این۔اے میں جوڑی تھی اس وقت وہ مینڈک کی ایک خصوصیت کو نظر انداز کر گئے تھے۔

فطرت نے صرف حیوانات میں ہی نہیں نباتات میں بھی نر اور مادہ جوڑے بنائے ہیں انہیں کے اتصال سے بچے اور نئے پودے پیدا ہوتے ہیں۔ لیکن نر اور مادہ کا اصول بھی قدرت نے قطعی نہیں بنایا ہے بلکہ اسی زمین کے کروڑوں جانداروں میں کچھ

جانور یا کچھ زندگیاں ایسی بھی ہیں جو نہ نر ہوتی ہیں نہ مادہ بلکہ Hermaphrodite ہوتے ہیں یعنی ان میں نر اور مادہ دونوں کی خصوصیات ہوتی ہیں۔ کچھ جانور ایسے بھی ہوتے ہیں جو باری باری نر اور مادہ میں تبدیل ہوتے رہتے ہیں اس طرح وہ خود اپنی نسل بڑھاتے رہتے ہیں۔

جوراسک پارک کے سائنس دانوں نے جس مینڈک کے ڈی۔این۔اے کی ایک کڑی ڈائنوسار کے ڈی۔این۔اے کی زنجیر میں جوڑی تھی اس نے یہ کمال دکھایا کہ ہر پیدا ہونے والے ڈائنوسار کو اپنی طرح Hermaphrodite بنا دیا۔ اور وہ بالغ ہوکر اپنی نسل بڑھانے لگے۔ سائنس دانوں کو اس کی توقع نہیں تھی اس لیے انہوں نے کبھی اس بارے میں سوچا بھی نہیں تھا۔ وہ تو جب ڈائنوسار کی تعداد اچانک بڑھنے لگی اور انہوں نے تباہی مچانا شروع کر دی تب اتفاق سے ایک سائنس داں کو ان ڈائنوساروں کے انڈے مل گئے اور وہ سمجھ گیا کہ کیا ہوا ہے اور توقع کے خلاف ڈائنوسار انڈے کیوں اور کیسے دینے لگے ہیں۔

فلم کی یہ خیالی کہانی سنانے کا مقصد صرف یہ ہے کہ قاری ڈی۔این۔اے کے عمل کو سمجھ سکیں اور یہ جان سکیں کہ انسانی جسم میں جتنی نسلی اور غیر نسلی بیماریاں پھیلتی ہیں ان کی وجہ خلیوں کے ڈی۔این۔اے میں کچھ گڑبڑ ہوتی ہے۔

انسان کے جسم کے تمام خلیے ایک جیسے ہوتے ہیں اور تقریباً ہر خلیے سے اس انسان کا کلون بنایا جا سکتا ہے (نیورونز یعنی دماغ کے خلیے ان میں شامل نہیں) کیونکہ ہر خلیہ کا ایک بیرونی جسم (پروٹوپلازم) ہوتا ہے ایک مرکز ہوتا ہے اس مرکزے میں کروموزومس کے ۲۳ جوڑے ہوتے ہیں یعنی کل ۴۶ کروموزومس ہوتے ہیں ان کروموزومس میں جینز ہوتے ہیں۔ اگر ہم خلیہ کی کارکردگی سمجھنے کے لیے خلیے کو فیکٹری مان لیں تو جینز کو اس فیکٹری کا جنرل منیجر کہا جا سکتا ہے۔ خلیے میں کوئی تبدیلی لانے کا اصل کام ایک مرکزی تیزاب ڈی۔این۔اے کرتا ہے۔ دوسرا مرکزی تیزاب آر۔این۔اے منیجر کے احکامات ڈی۔این۔اے تک پہنچانے کا کام کرتا ہے۔ اس طرح تمام جسم کے خلیے ایک جیسے ہونے کے باوجود الگ الگ اپنی ڈیوٹی نبھاتے رہتے

ہیں یعنی وہی خلیے ہڈیوں کے خلیے بناتے ہیں، وہی خلیے دل، گردوں اور جگر وغیرہ کے خلیے بناتے ہیں۔ ہر خلیے میں ۴۶ کروموزومس ہوتے ہیں لیکن ہر عضو کے خلیے کا کام دوسرے سے الگ ہوتا ہے۔ ڈی۔این۔اے اپنی ڈیوٹی نبھاتے ہوئے اگر کسی جگہ غلط ہو جاتا ہے تو وہ نئے بننے والے تمام خلیوں میں اپنی غلطی پھیلا دیتا ہے جو کسی نہ کسی بیماری کی شکل میں ظاہر ہوتی ہے۔ مثال کے طور پر دمہ کی بیماری نسلی بھی ہوتی ہے اور دوسری وجوہات سے بھی ہوسکتی ہے۔ اس کا مطلب ہوتا ہے کہ دمہ کے مریض کے ماں یا باپ کے کچھ خلیوں میں ڈی۔این۔اے کی زنجیر میں کسی جگہ کچھ گڑبڑ ہوگئی تھی۔ جو عضو کے تمام خلیوں میں پھیل گئی اور یہی گڑبڑ ماں باپ کے جینز کے ذریعے اولاد میں آگئی۔ فطرت نے انسانی جسم کو ایک خود کار آلے کی طرح بنایا جس میں اپنی ہر ٹوٹ پھوٹ اور بیماری کو خود درست کر لینے کی صلاحیت ہوتی ہے اور یہ کام جسے ''قوت دفاع'' بھی کہا جاتا ہے جینز کرتے ہیں لیکن اگر کسی جگہ خود جینز غلط ہو جائیں یعنی ڈی۔این۔اے کی زنجیر کی کچھ کڑیاں کوئی غلط شکل اختیار کر لیں تو اس غلطی کو کیسے درست کیا جا سکتا ہے؟

جین تھیراپی اسی غلطی کو درست کرنے کی جانب ایک قدم ہے جو ابھی تجربات کی منزل میں ہے۔ سائنس داں جانتے ہیں کہ علاج کی اس تکنیک پر اس وقت تک قابو نہیں پایا جا سکتا جب تک وہ ڈی۔این۔اے کوڈ کو مکمل طور پر نہ جان لیں یعنی ڈی۔این۔اے کے تقریباً تین کروڑ ''کوڈز'' کو الگ الگ پہچاننے کے قابل نہ ہو جائیں اسی کو جین تھیراپی یا بایوٹکنالوجی (Bio-technology) کہا جاتا ہے۔

یہاں یہ بات بتانا بھی دلچسپی کا باعث ہوگا کہ اگرچہ بایوٹکنالوجی یا جین تھیراپی پر ابھی بیس پچیس سال سے کام شروع ہوا ہے لیکن انسان نادانستہ طور پر بایوٹکنالوجی صدیوں سے استعمال کرتا آ رہا ہے جس کی مثال Yeast بنانا ہے یا ''قلم'' لگا کر پھلوں کی نسلیں بنانا ہے۔ قلمی آم اس کی بہترین مثال ہے جو دیسی آم کی ایک نسل میں دوسرے دیسی آم کی قلم لگا کر بنائے گئے ہیں۔ یعنی دو نسلوں کے جینز خلط ملط کر کے نئی نسل بنالی گئی۔ کراس بریڈنگ (Cross Breeding) یعنی دوغلی نسل کے جانور پیدا

کرنا بھی ایک طرح کی بایوٹکنالوجی ہی ہے۔ اسی طرح بایوٹکنالوجی کے ذریعہ آج کے سائنس دانوں نے روئی کے بیجوں میں تبدیلی کر کے ایسے بیج بنائے ہیں جن سے روئی کے پودوں پر قدرتی طور پر نیلے رنگ کی روئی پیدا ہوگی۔ سبز رنگ کے گلاب کے پھول کبھی نہیں دیکھے گئے لیکن اب سائنس دانوں نے گلاب کے جینز میں تبدیلی کر کے سبز رنگ کے گلاب بھی اگا لیے ہیں اسی طرح اناج کے جینز میں تبدیلیاں کر کے ایسے بیج بنا لیے ہیں کہ ان بیجوں سے فصل کئی گنا زیادہ اناج پیدا کر سکے گی۔ آج کل یہ موضوع اخبارات میں بحث کا سبب بنا ہوا ہے کیونکہ امریکہ نے اناج کے ایسے بیج بنائے ہیں جن سے کئی گنا فصل تو اگائی جا سکتی ہے لیکن وہ اناج دوبارہ فصل اگانے کے کام نہیں آ سکتا۔ کسان کو اگلی فصل کے لیے پھر امریکہ سے بیج منگانا ہوگا۔ سیاسی طور پر اس موضوع پر کافی ہنگامہ ہو رہا ہے اور کئی ممالک میں اس کے خلاف آواز اٹھائی جا رہی ہے۔

قدیم زمانے میں جینز کی ذرا سی خرابی کے باعث بیماریاں وباں کی صورت میں پھیل جاتی تھیں اور لاکھوں انسانوں کو ختم کر دیتی تھیں جیسے کسی زمانے میں طاعون سب سے زیادہ خطرناک وبا سمجھی جاتی تھی۔ یہ وبا کسی جرثومہ کے جینز میں کچھ تبدیلی ہو جانے سے ظہور میں آئی تھی یعنی اس تبدیلی سے طاعون کے جراثیم بن گئے تھے اور یہ جراثیم پھیل کر مرض کو وبا کی شکل میں پھیلا دیتے تھے۔ آخر جب جراثیم کے ذریعہ یہ وبا پھیلنے کا راز کھلا اور سائنس دانوں کو پتہ چلا کہ حیات کی ایک قسم جراثیم بھی ہے تب ان جراثیم کو ختم کرنے کی دوائیں بنائی گئیں۔

جین تھیراپی ابھی بالکل ابتدائی منزل میں ہے اور یہ منزل کسی قدر خطرناک بھی ہے۔ سائنس دانوں نے اپنے تجربوں کی ابتدا ''وائرس'' کے جینز میں تبدیلی لانے سے کی ہے۔ وائرس ایک عجیب و غریب قسم کی زندگی ہے جو بیک وقت ''حیات'' بھی ہے اور کیمیکل بھی۔ جراثیم کی طرح وائرس الگ رہ کر اپنی نسل نہیں بڑھا سکتے لیکن اگر ان کو کسی جانور یا انسان کا خلیہ رہنے کے لیے مل جائے تو وہ فوراً افزائش حیات کے اصولوں پر اپنی نسل بڑھانے لگتے ہیں اور بیماری بن کر سارے جسم میں پھیل جاتے ہیں۔ وائرس سے پھیلی بیماریوں پر اینٹی بایوٹک دواؤں کا کوئی اثر نہیں ہوتا ان کو ختم

کرنے کے لیے ویکسین (Vaccine) بنانی پڑتی ہے جو اینٹی بایوٹک دواؤں سے بالکل مختلف ہوتی ہے۔

وائرس کے جینز دوسری جاندار اشیا کے جینز کے مقابلے میں بہت سادہ ہوتے ہیں اس لیے ان کے ڈی۔این۔اے کے کوڈ آسانی سے سمجھ میں آ جاتے ہیں اسی لیے سائنس داں جین تھیراپی کے لیے ''وائرسیز'' کے جین استعمال کرنے کی کوشش کر رہے ہیں۔ لیکن اس عمل میں ایک زبردست خطرہ بھی ہے آپ نے ''ہیپاٹائٹس'' (Hepatitis) کے وائرس اے۔بی اور سی کے بارے میں ضرور سنا ہوگا۔ ہیپاٹائٹس جگر کی ایک بیماری ہوتی ہے جو وائرس کے ذریعہ پھیلتی ہے۔ میڈیکل سائنس دانوں نے ہیپاٹائٹس کا وائرس ختم کرنے کے لیے ایک ویکسین بنائی۔ لیکن کچھ عرصہ کے بعد ہی پتہ چلا کہ وہ ویکسین بہت سے مریضوں پر کوئی اثر نہیں کرتی۔ چھان بین کی گئی تو پتہ چلا کہ وائرس میں کچھ جینٹک (Genetic) تبدیلیاں ہو گئی تھیں اس لیے ویکسین ان پر اثر نہیں کر رہی تھی۔ چنانچہ سائنس داں پہلے قسم کے وائرس کو وائرس اے (Virus-A) کہنے لگے اور اس دوسرے قسم کے وائرس کو وائرس۔بی (Virus-B) کہنے لگے۔ اب ان کو ختم کرنے کے لیے نئی قسم کی ویکسین بنالی گئی ہے لیکن پتہ چلا ہے کہ وائرس میں پھر کچھ جینٹک تبدیلیاں آ گئی ہیں اور ''وائرس۔سی'' اسی بیماری کو نئی شکل دینے لگے ہیں۔

یہ بات بتانے کا مقصد یہ ہے کہ سائنس داں اہم وائرس کے جینز میں تبدیلیاں کر کے نئے وائرس تو بنا سکتے ہیں لیکن یہ عمل ایسا ہی ہوگا جیسے آپ اندھیرے میں کسی ایسی چیز پر نشانہ لگا رہے ہوں جس کے آس پاس دوسری قیمتی چیزیں رکھی ہوں۔ نشانہ چوکنے پر ان قیمتی چیزوں کا نقصان بھی ہو سکتا ہے۔ یعنی وائرس کے جین میں تبدیلی کر کے کہ یہ بھی ہو سکتا ہے کہ ایک نہایت خطرناک اور عجیب وغریب بیماری پھیل جائے اور یہ بیماری اتنی مہلک اور اتنی تیزی سے پھیلنے والی ہو کہ جب تک سائنس داں اس کا ویکسین تیار کریں اس وقت تک پوری دنیا کی ساری یا آدھی آبادی ختم ہو جائے۔ اسی خطرے کے مدنظر سائنس داں بہت احتیاط اور ہوشیاری سے ''وائرسیز'' پر اپنے تجربات کر رہے ہیں کیونکہ وائرس جین تھیراپی میں سب سے زیادہ مددگار ثابت ہو سکتے ہیں۔

وائرس کے ذریعہ ہی کسی بیمار خلیہ کے خراب ڈی۔این۔اے کو درست کرکے بیماری کا علاج کیا جا سکتا ہے اس کی وجہ یہ ہے کہ ڈی۔این۔اے کوڈ کو سمجھنے کے باوجود اس کی خرابی دور کرنا بہت ہی مشکل کام ہے کیونکہ خلیہ کے اندر ڈی۔این۔اے کی شکستہ زنجیر تک پہنچنا تقریباً ناممکن کام ہے۔

اب سوال یہ اٹھتا ہے کہ سائنس داں کس طرح جین تھیراپی کرنا چاہتے ہیں۔

یہ بتایا جا چکا ہے کہ ڈی۔این۔اے ایک مرکزی تیزاب ہوتا ہے جس کی پروٹین کا سالمہ ایک ہی زنجیر کی شکل یا جڑواں زنجیر بنانے کی صلاحیت رکھتی ہے۔ایک دوسرے کی عکس یا ہم شکل ان زنجیروں کو ڈبل ہیلکس (Double Helix) کہا جاتا ہے اسی پر ڈی۔این۔اے کوڈ رقم ہوتا ہے۔ اب اگر اس زنجیر کے ذرا سے حصے کا کوڈ بدل جائے تو خلیہ کے اندر فوراً تبدیلی پیدا ہو جائے گی جو خطرناک بھی ہوسکتی ہے اور بے ضرر بھی۔ عام طور پر یہ تبدیلی خطرناک ہی ہوتی ہے جو مختلف امراض کی شکل میں ظاہر ہونے لگتی ہے۔ ان میں بہت سی بیماریاں عام دواؤں سے مہلک نہیں ہوسکتیں کیونکہ جینز کی ساخت میں تبدیلی آ چکی ہے۔ کینسر کے خلیے اس کی بہترین مثال ہیں جو جینز کے قابو سے باہر ہو کر بگڑی ہوئی شکل کے خلیے بنانے لگتے ہیں۔ جین تھیراپی کے لیے ضروری ہے ڈی۔این۔اے کی زنجیر میں جو کڑیاں ٹوٹ گئی ہیں یا بدل گئی ہیں ان کو قدرتی شکل میں لایا جائے۔

سائنس دانوں نے خود سے سوال کیا۔"کیا وہ ایسا کر سکتے ہیں؟"

جواب تھا"کوشش کی جاسکتی ہے۔"

اور آخر انہوں نے ڈی۔این۔اے کو"ڈی کوڈ"کرکے اس کا حل تلاش کر لیا یعنی اب وہ ڈی۔این۔اے کی ٹوٹی کڑیوں کو جوڑ سکتے تھے۔ مگر جواب ابھی تک نظریاتی تھا دوسرا سوال یہ تھا کہ اس کو عمل میں کیسے لایا جائے؟

سائنس دانوں نے اس دوسرے سوال کا جواب تلاش کیا اور نتیجہ نکالا کہ کسی وائرس کے ذریعہ وہ اپنی منزل تک پہنچ سکتے ہیں۔

۔وائرس بذات خود حیات ہوتے ہوئے بھی حیات نہیں ہوتے یعنی وہ اپنی نسل

اسی وقت بڑھا سکتے ہیں جب انہیں کسی خلیے کا ماحول مل جائے۔ وائرس صرف خلیوں پر زندہ رہ سکتے ہیں اسی لیے ان کو Parasite بھی کہا جاتا ہے۔

وائرس مہلک بیماریاں بھی پھیلا سکتے ہیں اور بہت سے وائرس انسان دوست بھی ہوتے ہیں۔ ایسے وائرس انسانوں کو نقصان پہنچانے والی چیزوں کو ختم کر دیتے ہیں۔

سائنس دانوں کے پاس ایسا کوئی ذریعہ نہیں ہے کہ وہ کسی ایک خلیہ میں کسی ''جین'' کو داخل کر کے اس کی ڈی۔این۔اے کی زنجیر سے چھیڑ چھاڑ کر سکیں لیکن وائرس سیدھے خلیہ کے مرکزے میں گھس جاتے ہیں اس لیے سائنس دانوں نے اسی مقصد کے لیے کسی بے ضرر وائرس کو استعمال کرنے کا پلان بنایا۔

اس تکنیک میں پہلے کسی وائرس کا جینیٹک کوڈ تبدیل کر کے اس کو بے ضرر بنا دیا جاتا ہے۔ یا کوئی بے ضرر وائرس اس مقصد کے لیے تلاش کیا جاتا ہے۔ اس کے بعد جس بیماری کا علاج کرنا مقصود ہوتا ہے اس عضو کے خلیے لے کر بیمارشدہ ڈی۔این۔اے کی پہچان کی جاتی ہے اور اس کوڈ کو سمجھ کر ڈی۔این۔اے کی صحیح نقل بنائی جاتی ہے یعنی زنجیر کی ان کڑیوں کی صحیح نقل جو اب خراب ہو کر بیماری کا سبب بنی ہوئی ہیں۔ پھر صحیح کوڈ کے اس چھوٹے سے حصے کو وائرس کی پیٹھ پر رکھ دیا جاتا ہے اور وائرس کو خلیہ میں داخل کر دیا جاتا ہے۔ وائرس ڈی۔این۔اے کے اس ٹکڑے کو لیے ہوئے خلیہ کے مرکزے میں داخل ہوتا ہے اور خلیہ کا ڈی۔این۔اے اپنے اصلی ٹکڑے کو پہچان کر قبول کر لیتا ہے۔ کیمیکل زنجیر کی خراب کڑیاں خارج کر دیتا ہے اور ان کی جگہ اصل کڑیاں جوڑ دیتا ہے۔ خلیہ اس خرابی سے نجات پا کر قدرتی عمل سے اپنی تعداد بڑھانی شروع کر دیتا ہے اور عضو میں پھیلی بیماری ختم ہوتی چلی جاتی ہے۔ خراب خلیوں کی جگہ صحت مند خلیے لے لیتے ہیں۔ اس طرح جین تھیراپی سے کسی بھی نسلی یا غیر نسلی بیماری کو ختم کیا جا سکتا ہے اور اسی کو جین تھیراپی یا بایونکنالوجی کہا جاتا ہے۔

جہاں تک نظریہ کا تعلق ہے یہ فارمولا بہت آسان نظر آتا ہے لیکن عملی طور پر ابھی اس میں یقینی کامیابی حاصل کرنے میں کچھ وقت لگے گا کیونکہ یہ تمام عمل ایک

جوئے کی طرح ہے۔ آپ نے اپنی پوری کوشش کرکے ڈی۔این۔اے کے خراب حصہ کو درست کرکے اندر داخل کردیا لیکن خلیہ اس کو قبول کرتا ہے یا نہیں یا کتنے فیصد قبول کرتا ہے یہ تو آنے والا وقت ہی بتائے گا۔ سائنس دانوں کا خیال ہے کہ اگلے دو تین سال میں جب ہم ڈی۔این۔اے کی پوری چین (Chain) کے کوڈ حل (Decode) کرلیں گے تب شاید ہم اعتماد کے ساتھ کہہ سکیں گے کہ ہاں ہم اب جین تھیراپی سے ہر مرض کا علاج کرسکتے ہیں۔